GERESO
FORMATION | CONSEIL | ÉDITION

LA GESTION DE PATRIMOINE

LES GUIDES PRATIQUES
Gestion - Comptabilité - Finance

La gestion de patrimoine

200 questions pour développer et gérer l'ensemble de ses biens

Auteur : Marc DUMÉNIL

Édition 2020

Direction de collection : Catherine FOURMOND
Conception graphique de couverture : Atmosphère
Suivi éditorial et conception graphique intérieure : GERESO Édition

www.gereso.com/edition
e-mail : edition@gereso.fr
Tél. 02 43 23 03 53 - Fax 02 43 28 40 67

Dépôt légal : Mars 2020
ISBN : 978-2-37890-274-2
EAN 13 : 9782378902742
ISSN : 2260-6939

GERESO SAS au capital de 160 640 euros - RCS Le MANS B 311 975 577
Siège social : 38 rue de la Teillaie - CS 81826 - 72018 Le Mans Cedex 2 - France

GERESO
FORMATION | CONSEIL | ÉDITION

Dans la même collection :

- Compensation and benefits
- Comprendre l'économie et la finance
- Comprendre le financement des ventes et de l'export
- Comprendre les comptes annuels
- Comptabilité, finance, gestion en pratique
- CSE : comprendre les comptes de l'entreprise et leurs enjeux
- CSE et CHSCT : les bonnes pratiques en santé, sécurité et conditions de travail
- Guide d'indemnisation des accidents de la route
- Guide pratique d'externalisation des SI
- Guide pratique des élections professionnelles
- Le contrôle de gestion
- Le contrôle de gestion sociale
- Le droit des contrats en 60 questions
- Management des compétences en pratique
- Manager dans le secteur sanitaire et médico-social
- Manager un établissement de santé
- Planification de projet
- Responsabilités civile et pénale pour autrui
- Réussir une GPEC en 9 étapes
- Transformer et urbaniser l'entreprise
- Valoriser la Ressource Humaine dans l'organisation

www.la-librairie-rh.com

la librairie RH
by GERESO

Signification des pictogrammes

☞ Exemple

✒ Bon à savoir

⚠ Important

Sommaire

Introduction 15
Qu'est-ce que le patrimoine ? 15
À combien s'élève le patrimoine des Français ? 16
De quoi est-il composé ? 17
Qu'est-ce que la gestion de patrimoine ? 18
Quelles sont les principales actions entrant dans le champ de la gestion de patrimoine ? 18
Quelle est la réglementation des conseillers en gestion de patrimoine ? 19
Quels sont les acteurs de la gestion de patrimoine ? 20

1re PARTIE - LA DIMENSION STRATÉGIE ET OBJECTIFS PATRIMONIAUX 23

CHAPITRE 1 - CONNAÎTRE SA SITUATION ET SON CONTEXTE 25
Qu'est-ce qu'un bilan patrimonial ? 25
Quels sont les grands objectifs patrimoniaux ? 26
Être propriétaire est-il toujours intéressant ? 26
Pourquoi et comment mettre en place de la prévoyance afin de protéger sa famille ? 27
Pourquoi investir dans l'immobilier locatif ? 28
Comment alléger la note fiscale ? 29
Comment aider ses enfants ? 31
Objectif transmission : qu'entend-on par là ? 32
Comment préparer sa retraite ? 32
Comment mettre en place une stratégie de revenus complémentaires ? 34

2E PARTIE - LA DIMENSION JURIDIQUE ET FAMILIALE 37

CHAPITRE 1 - COUPLE ET PATRIMOINE 39
Quelles sont les conséquences patrimoniales du mariage? 39
Quels sont les avantages et les inconvénients de la communauté légale? ... 40
Quelles sont les caractéristiques du régime de séparation des biens? 41
Quelles sont les caractéristiques du régime de participation aux acquêts? 41
Qu'est-ce que la communauté universelle? 42
Quelles sont les conséquences patrimoniales du PACS? 44
Pacs-mariage: quelles sont les différences? 44

CHAPITRE 2 - COUPLE, PATRIMOINE ET RUPTURE 47
Comment se liquide le régime matrimonial des époux? 47
Comment concrètement se partage le patrimoine? 48
Que deviennent les donations et avantages patrimoniaux consentis durant le mariage? 48
Qu'est-ce qu'une prestation compensatoire? 49
Quelle est la fiscalité de la prestation compensatoire? 51
Que se passe-t-il en cas de vente de la résidence principale? 52
Quelles sont les conséquences patrimoniales de fin d'un concubinage? 52

CHAPITRE 3 - COUPLE ET PROTECTION DU CONJOINT 55
Quels sont les droits du conjoint survivant? 55
Qu'est-ce que la donation au dernier vivant? 56
Comment protéger son conjoint survivant de seconde noce? 58
Qu'est-ce qu'une donation? 58
Qu'est-ce qu'un don manuel? 59
Doit-on déclarer un don manuel et quelles sont les conséquences fiscales? ... 59
Quels sont les abattements fiscaux pour les donations et les successions? 60
Qu'est-ce qu'une donation-partage et quels sont ses avantages? 62
Comment répartir son patrimoine entre tous les enfants issus de différentes unions? 63
Succession et PACS: que se passe-t-il? 64
Qu'est ce qui change en matière de succession avec le règlement européen sur les successions internationales? 64

3E PARTIE - LA DIMENSION FISCALE 67

CHAPITRE 1 - UN PANORAMA DES IMPÔTS 69
Quels sont les grands principes de l'impôt? 69
Quelles sont les différentes catégories de revenus imposables? 70
Quelles sont les différentes catégories de revenus exonérés? 70
Comment calculer le revenu global net imposable? 72
Quels revenus sont imposés dans la catégorie des traitements et salaires? 72
Que recouvrent les revenus fonciers? 73
Quels sont les avantages du régime microfoncier? 74
Que recouvrent et comment sont imposés les revenus mobiliers? 74
Comment sont imposés les dividendes? 75
Qu'est-ce que les bénéfices industriels et commerciaux? 76
Qu'est-ce que les bénéfices non commerciaux? 77
Comment déterminer le montant du bénéfice imposable? 77
Comment sont imposés les bénéfices agricoles? 79
Qu'est-ce que le crédit d'impôt? 80
Qu'est-ce que le prélèvement à la source? 81
Quelles sont les nouveautés 2020 de l'impôt sur le revenu? 82

CHAPITRE 2 - LES DIFFÉRENTES PLUS-VALUES ET LEUR IMPOSITION 85
Quelle fiscalité pour les plus-values mobilières? 85
Quelles sont les conditions pour bénéficier de l'abattement majoré pour les plus-values réalisées avant 2018? 86
Comment calculer les plus-values mobilières? 87
Quelle fiscalité pour les plus-values immobilières? 87
Quel est le régime d'imposition des plus-values professionnelles? 89

CHAPITRE 3 - UN POINT SUR L'IMPÔT SUR LA FORTUNE IMMOBILIÈRE (IFI) 91
Comment est calculé l'IFI? 91
Quels sont les biens taxables dans le cadre de l'IFI? 92
Quelles sont les modalités de réduction de l'IFI? 92
Qu'entend-on par plafonnement des niches fiscales? 93

CHAPITRE 4 - LE POINT SUR LES PRÉLÈVEMENTS SOCIAUX 95
Quels sont les éléments composant les prélèvements sociaux? 95
Quels sont les taux des prélèvements sociaux? 95
Quels sont les revenus concernés et les revenus exonérés? 96
Qu'est-ce que la CSG et quel est son champ d'application? 97
Qu'est-ce que la CRDS? 98

CHAPITRE 5 - LES CONTRÔLES FISCAUX 101
Quels sont les différents contrôles effectués par l'administration fiscale? ... 101
Quelles sont les différentes demandes de l'administration fiscale et comment doit-on y répondre? 102
Quelles sont les sanctions fiscales? 103
Qu'est-ce que l'abus de droit? 104
Qu'est-ce que le rescrit fiscal? 105

4E PARTIE - LA DIMENSION PRODUITS FINANCIERS ET BOURSE 107

CHAPITRE 1 - LES PRODUITS FINANCIERS : LEURS CHARMES ET LEURS INCONVÉNIENTS 109
Que recouvre le terme de produits financiers? 109
Quelles sont les caractéristiques du livret A? 110
Quelles sont les caractéristiques du livret de développement durable? 110
Qu'est-ce que le super-livret? 111
Quels sont les caractéristiques et l'intérêt des fonds et SICAV monétaires? ... 112
Qu'est-ce qu'un compte à terme? 112
Quelle est la fiscalité des comptes à terme? 113
Quelles sont les caractéristiques du plan d'épargne logement? 113
Quelles sont les caractéristiques du compte d'épargne logement? 117
Quels sont les autres produits d'épargne réglementée? 118

CHAPITRE 2 - POUR PLUS DE RISQUES : CONNAÎTRE LA BOURSE ET SON FONCTIONNEMENT 121
À quoi sert la Bourse? 121
Quelle est l'organisation de la Bourse de Paris? 122
Comment fonctionne le marché réglementé? 123

Comment fonctionne le service à règlement différé? 123
Quelles sont les caractéristiques du marché Alternext? 124
Qu'est-ce que le marché libre? 126
Qu'est-ce que l'AMF et quelles sont ses attributions? 126

CHAPITRE 3 - LES PRODUITS FINANCIERS À RISQUES LIMITÉS 129
Quelles sont les caractéristiques d'un investissement en obligations? 129
Quels sont les risques présentés par les obligations? 130
Qu'est-ce qu'une obligation convertible? 131
Quelles sont les particularités des fonds garantis? 132
Quels sont les avantages et les inconvénients des fonds garantis? 133

CHAPITRE 4 - ENCORE PLUS DE RISQUES... À COURT TERME: LES ACTIONS 135
Quelles sont les principales caractéristiques d'une action? 135
Quels sont les différents types d'ordre en Bourse? 136
Quels sont les principaux indices boursiers? 137
Qu'est-ce qu'un PEA et quelles sont ses caractéristiques? 139
Quels sont les avantages fiscaux du PEA? 140
La loi PACTE et le PEA 141
Que sont les OPCVM? 141
Quelles sont les différences entre SICAV et FCP? 142
Que sont les « trackers »? 142
Quelles sont les caractéristiques des certificats? 143

CHAPITRE 5 - POUR LES AMATEURS DE SENSATIONS FORTES : LES DIFFÉRENTS PRODUITS DÉRIVÉS 147
Qu'est-ce que les produits dérivés? 147
Qu'est-ce qu'une option? 148
Quelles sont les différentes catégories d'options? 148
Qu'est-ce qu'un « warrant »? 149
Qu'est-ce que le Forex? 150
Quels sont les risques du Forex? 150
Qu'est-ce qu'un CFD « contract for difference »? 151
Qu'est-ce que l'investissement en crypto-monnaie? 151

CHAPITRE 6 - LES ÉLÉMENTS À CONNAÎTRE POUR GÉRER SES INVESTISSEMENTS EN VALEURS MOBILIÈRES 155
Quels sont les différents courtiers en Bourse? 155
Quels sont les avantages des courtiers en ligne? 156
Qu'est-ce que l'analyse fondamentale? 156
Qu'est-ce que l'analyse technique? 157
Quels sont les différents types de gestion pour des investissements en valeurs mobilières? 158
Quels sont les styles de gestion appliqués par les gérants? 160
Que signifient les différents profils de gestion? 160
Qu'est-ce que l'investissement programmé? 161
Quelles sont les caractéristiques des fonds d'investissement Socialement Responsable (ISR)? 162
Quelles sont les méthodes de sélection des entreprises? 162
Qu'est-ce que la gestion alternative? 163
Quels sont les caractéristiques et l'intérêt d'une société civile familiale de gestion de portefeuille? 164

CHAPITRE 7 - UN PEU DE RÉGLEMENTATION 167
Quelle est la protection de l'épargnant concernant le démarchage financier? 167
Qu'est-ce que le statut de conseil en investissement financier (CIF) et quelles sont ses obligations? 168
Qu'est ce que la MiFID et quelles sont ses conséquences pour l'investisseur et les conseillers patrimoniaux? 169

5E PARTIE - LA DIMENSION IMMOBILIÈRE 173

CHAPITRE 1 - LES DIFFÉRENTS PRODUITS IMMOBILIERS 175
Qu'entend-on par défiscalisations immobilières? 175
Qu'est-ce que la loi Scellier et quels sont ses avantages fiscaux? 175
Quelles sont les contraintes de la loi Scellier? 176
Qu'est-ce que la loi Pinel? 177
Les nouveautés Pinel 2019 180
Qu'est-ce que le dispositif Censi-Bouvard? 181
Quels sont les avantages fiscaux de l'investissement Outre-Mer? 183

Quels sont les avantages fiscaux de la loi Malraux? 185
Quels sont les avantages fiscaux de la loi monument historique? 185
Qu'est-ce que le statut de loueur en meublé non professionnel et ses caractéristiques? 187
Quelles conditions remplir pour être loueur en meublé professionnel? 188
Qu'est-ce qu'un viager immobilier? 189
Quelles sont les caractéristiques des SCPI (société civile de placement immobilier)? 190
Quels sont les avantages et les risques de l'investissement en SCPI? 190
Que sont les OPCI (organisme de placement collectif immobilier)? 191
Qu'est-ce que le crownfunding immobilier? 192
Comment utiliser la SCI pour la transmission de patrimoine? 192
Quel est l'intérêt d'un démembrement de propriété? 193

CHAPITRE 2 - EN SAVOIR UN PEU PLUS SUR LE CRÉDIT 197
Qu'est-ce qu'un prêt amortissable? 197
Qu'est-ce qu'un emprunt *in fine*? 198
Faut-il emprunter à taux fixe ou à taux variable? 198
Quelles sont les conditions du prêt à taux zéro +? 199
Quelles sont les caractéristiques de l'hypothèque rechargeable? 200

6E PARTIE - LA DIMENSION ASSURANCES ET PRÉVOYANCE 205

CHAPITRE 1 - UN PLACEMENT À UTILISATIONS DIVERSES: L'ASSURANCE-VIE 207
En quoi consiste l'assurance-vie et quels sont ses avantages? 207
Quelle est la fiscalité de l'assurance-vie? 209
Y a-t-il des cas d'exonération? 210
Quelles sont les caractéristiques d'un contrat en euros? 210
L'argent est-il disponible sur un contrat? 211
Quelles sont les caractéristiques des contrats en unités de compte? 211
Quelles sont les caractéristiques des contrats NSK? 213
Pourquoi la clause bénéficiaire d'un contrat d'assurance-vie est-elle importante? 215
Comment rédiger la clause bénéficiaire? 215
Quand peut-on parler de primes excessives en assurance-vie? 216

Qu'est-ce qu'une assurance-vie entière? 216
Qu'est-ce qu'une rente éducation? 217
Quelles sont les caractéristiques d'une rente survie? 218
Qu'est-ce que le contrat épargne handicap? 218
Quelles sont les caractéristiques des contrats de capitalisation? 219
Quelles sont les caractéristiques de la tontine? 220

CHAPITRE 2 - LES CHARMES DE L'ÉPARGNE SALARIALE 223
Qu'est-ce qu'un plan d'épargne entreprise? 223
Qu'est-ce que l'abondement? 224
Quels sont les avantages fiscaux du PEE? 224
Qu'est-ce qu'un PERCO? 225

CHAPITRE 3 - ET SI ON PARLAIT UN PEU DES RETRAITES ET DES MANIÈRES DE LES AMÉLIORER... 229
Quelles sont les conséquences des nouvelles dispositions en termes de retraite? 229
Quelles sont les modifications essentielles prévues par la réforme des retraites en 2020? 231
Quels sont les impacts des dernières réformes sur les majorations familiales? 233
Quels sont les points essentiels à connaître sur la réversion de la retraite au conjoint? 234
Qu'est-ce que la loi Pacte et son incidence sur l'épargne retraite? 235
Qu'est-ce qu'un PERP? 237
Quelle est la fiscalité du PERP? 238
Quelle est la fiscalité des PERP au moment de la perception de la rente? 239
Qu'est-ce qu'une rente viagère? 239
Quelle est la fiscalité des rentes viagères? 240
Qu'est-ce que le viager financier? 241
Qu'est-ce qu'un régime de retraite supplémentaire? 241
Que sont les régimes de retraite à cotisations définies? 242
Que sont les régimes à prestations définies? 243
Retraite et professions indépendantes: quelles sont les caractéristiques des produits « Madelin »? 244

7E PARTIE - PATRIMOINE ET ACTIVITÉ PROFESSIONNELLE 249

CHAPITRE 1 - LE PATRIMOINE PROFESSIONNEL 251
Quelle est la fiscalité de la rémunération des dirigeants? 251
Quelles sont les caractéristiques des stock-options? 252
Qu'est-ce que le patrimoine professionnel? 253
Comment protéger son patrimoine personnel en tant qu'entrepreneur? 254
Pourquoi créer une SCI en tant qu'entrepreneur? 255
Quelle est la fiscalité sur les cessions d'entreprise? 256
Existe-t-il des exonérations spécifiques? 257

CHAPITRE 2 - LES AUTRES TYPES DE PLACEMENT ET LEURS CARACTÉRISTIQUES 261
Quelles sont les caractéristiques d'un fonds investissement de proximité (FIP)? 261
Quelles sont les caractéristiques des fonds communs de placement dans l'innovation (FCPI)? 262
Quels sont les avantages fiscaux des FIP et FCPI? 263
Quels sont les avantages fiscaux concernant l'investissement dans les PME? 264
Quelles sont les caractéristiques de l'investissement en bois et forêts? 266
Qu'est-ce que l'investissement en SOFICA? 267
Quel est l'intérêt patrimonial d'un investissement en œuvre d'art? 268
Quelles sont les caractéristiques de l'investissement en or « physique »? 270
Comment investir dans l'or papier? 270
Qu'est-ce qu'un groupement foncier agricole (GFA) ou viticole (GFV)? 271
Qu'est-ce que l'investissement en matières premières? 273

Conclusion 277
Liste des abréviations 279
Index 283
À propos de l'auteur 287

Introduction

Qu'est-ce que le patrimoine ?

L'INSEE (Institut national de la statistique et des études économiques) dans le cadre des différentes études qu'elle est amenée à réaliser, étudie le patrimoine des Français. D'un point de vue économique, un ménage détient un patrimoine à partir du moment où il possède un des actifs suivants :

- un bien immobilier. Ce bien peut être une résidence principale, une résidence secondaire, ou de l'immobilier de placement.
- des produits financiers divers et variés : livrets d'épargne, plan ou compte d'épargne logement, valeurs mobilières en direct ou par le biais de fonds, assurance-vie.

Point important à signaler pour fixer les idées : selon les dernières études de l'INSEE, 95 % des ménages vivant en France détiennent un patrimoine au sens de la définition donnée précédemment. Ce pourcentage reste assez stable dans le temps puisqu'il est à peu près équivalent à celui qui apparaissait lors de l'étude réalisée en 2006. Le patrimoine est considéré comme diversifié à partir du moment où sont possédés à la fois un livret d'épargne, un livret ou compte d'épargne logement, une assurance-vie/épargne retraite, un bien immobilier et des valeurs mobilières (actions ou obligations). Pour information, l'immobilier est présent dans le patrimoine de 62 % des ménages et les produits financiers sont présents dans celui de 92 % des ménages.

⚠ *Ces dernières années une bascule des placements financiers a eu lieu, privilégiant les placements financiers peu risqués au détriment des actions. Début 2018 en France, 83,4 % des ménages déclarent posséder au moins un livret d'épargne (source INSEE), ce qui montre une forte aversion au risque.*

L'assurance-vie conforte également sa place parmi les produits privilégiés par les ménages: plus d'un tiers d'entre eux en sont détenteurs. Le plan épargne logement (PEL) retrouve de son attractivité, à la faveur d'une rémunération plus élevée que les livrets défiscalisés, si bien qu'un tiers environ des ménages en possède en 2018. La détention de biens immobiliers a également très légèrement progressé.

À combien s'élève le patrimoine des Français ?

Constatation importante

Le patrimoine des Français augmente moins vite que dans les dernières années. D'après une publication d'INSEE Première, les particuliers disposaient d'un patrimoine net de 10 414 milliards d'euros à la fin de l'année 2013. Ce chiffre marque une progression de 1,8 % par rapport à 2012, alors qu'entre 2001 et 2011 elle était selon l'INSEE de 6,8 % par an.

Début 2018, les Français possédaient un patrimoine net (déduction faite des crédits) de 11 494 Md€, soit une moyenne de 171 246 € par habitant. Toujours selon l'INSEE, Le patrimoine net des ménages s'élevait au début de l'année 2018 à un peu moins de 11 500 Md€ soit:

- une progression de 3,8 % en 2017, après une revalorisation de 3 % en 2016;
- un patrimoine moyen de 8,5 fois leur revenu net d'impôt de l'année;
- un taux d'épargne brute élevé. Il est ressorti à 12,1 % au troisième trimestre 2018, contre 11,8 % un an auparavant (source Banque Centrale Européenne).

Cela représente huit années de revenus ou cinq années de PIB (produit intérieur brut). Les Allemands et les Américains sont, contrairement à ce que l'on pourrait penser, moins riches (six années de revenus) mais les Britanniques sont plus riches (onze années).

La richesse des Français aurait doublé en dix ans. La raison essentielle de cette augmentation provient de l'euphorie du marché de l'immobilier. Les appartements, maisons et terrains représentent en effet 61 % du patrimoine. La résidence principale à elle seule représente 80 % des biens immobiliers. Ainsi, le patrimoine immobilier des Français est passé de 2 360 milliards d'euros à 6 090 milliards en 10 ans. Conséquence: la richesse des Français baisserait de manière importante en cas de chute du marché immobilier.

En valeur absolue (données non réajustées), l'enquête patrimoine INSEE révèle que la moitié des Français possède un patrimoine net inférieur à 113 000 €. Les 10 % les plus riches ont un patrimoine net moyen de 500 000 € et les 10 % les plus pauvres un patrimoine net moyen de 1 600 €.

De quoi est-il composé ?

Première constatation

La popularité de la pierre ne se dément pas. Les détenteurs de leur résidence principale représentent désormais 58 % de l'ensemble de la population (contre 55,7 % en 2004) tandis que 18,7 % possèdent une résidence secondaire ou de l'immobilier de placement. Cette évolution a été favorisée par les différentes mesures fiscales ou selon l'appellation à la mode les « niches fiscales », destinées à soutenir le marché immobilier : exonération d'impôt sur le revenu pour les intérêts d'emprunt, loi Robien, loi Borloo, loi Scellier... et bien d'autres dispositifs dont nous parlerons.

Deuxième constatation

L'assurance-vie connaît un succès croissant. En 2018, plus de 45 % des ménages français détenaient au moins un contrat, contre 40 % en 1998. À signaler que près de 60 % des détenteurs d'assurance-vie ont choisi un contrat en euros ou un fonds en euros, sans risque de perte en capital, à l'opposé des contrats en unités de compte ou multisupports investis pour partie importante en actions.

Troisième constatation

Les placements liquides et peu risqués se maintiennent à un niveau élevé (84,7 % contre 82,6 % en 2004), quelle que soit la tranche d'âge du ménage. Ces livrets défiscalisés - livret A ou Bleu, livret Développement Durable, livret d'épargne populaire et livret Jeune - restent la première forme d'épargne des ménages, celle vers laquelle ils se replient en cas d'augmentation des risques perçus des autres formes de placement, ou d'incertitude forte concernant l'avenir : perte d'emploi, baisse du pouvoir d'achat. Point important : étant défiscalisés, ces livrets restent imbattables en termes de rendement sans risque.

Quatrième constatation

La Bourse n'a plus la cote : un cinquième des ménages détient des valeurs mobilières (21,2 % en 2018), contre un quart en 2004.

En résumé

Le patrimoine des Français est aujourd'hui moins diversifié qu'il ne l'était en 2004. Les ménages qui détiennent chaque type de placement (livret d'épargne, épargne logement, assurance-vie, épargne retraite, valeurs mobilières) sont seulement 8,6 % contre plus de 10 % en 2004.

Qu'est-ce que la gestion de patrimoine ?

Sous l'angle financier, le patrimoine d'une personne ou d'un ménage peut être défini comme l'ensemble de ses biens.

Le patrimoine net correspond à ce patrimoine brut, moins les éventuelles dettes et autres engagements financiers. La gestion de patrimoine s'exerce dans des domaines différents puisqu'elle concerne aussi bien les investissements immobiliers, les produits financiers, que des placements en œuvres d'art.

Elle regroupe en fait des activités diverses aussi bien juridiques et fiscales que financières. Elle est généralement considérée comme un métier nécessitant des compétences généralistes. Dans la pratique, il faut distinguer gestion de patrimoine au sens strict du terme, et gestion de fortune.

La gestion de fortune concerne des patrimoines en principe de plusieurs millions d'euros au minimum. Il est bien entendu difficile de fixer un seuil, celui-ci étant différent d'un établissement bancaire à un autre et peut également varier selon les structures de conseil utilisées. La gestion de fortune se caractérise par une approche sur mesure alors que le conseil en gestion de patrimoine relève souvent plus du prêt-à-porter.

La gestion de patrimoine a longtemps été exercée par les établissements financiers et plus spécifiquement par les banques. Cependant, depuis quelques années, de plus en plus d'acteurs indépendants se sont orientés vers la gestion patrimoniale, il s'agit de ce que l'on appelle de manière générale les conseillers indépendants en gestion de patrimoine. Comme nous aurons l'occasion de le voir plus loin, il s'agit de professionnels généralistes offrant un conseil global.

Quelles sont les principales actions entrant dans le champ de la gestion de patrimoine ?

Tout d'abord, l'analyse patrimoniale.

À partir des spécificités propres à chaque client (son histoire, sa situation économique, l'état de ses biens et engagements), l'analyse de son patrimoine est effectuée afin de dresser un bilan patrimonial.

À partir de ce bilan, une stratégie patrimoniale est déterminée. Il convient alors de fixer des objectifs et de décider d'un certain nombre de choix et de préconisations dans les actions à entreprendre pour atteindre les objectifs fixés. Ces actions pourront s'effectuer dans les domaines suivants :

- l'aspect juridique et fiscal : le droit et la fiscalité du patrimoine (les donations et successions, les régimes matrimoniaux, les impôts sur le revenu, l'ISF...) ;
- l'aspect financier : la gestion financière (valeurs mobilières et produits financiers, gestion d'un portefeuille boursier, fiscalité des placements et des plus-values...) ;
- l'aspect immobilier : la gestion immobilière (gestion des actifs fonciers, fiscalité des revenus fonciers, plus-values immobilières, l'épargne logement, le financement immobilier, les différentes lois de défiscalisation immobilière telles que les lois Pinel ou défiscalisation Outre-Mer) ;
- l'aspect social et prévoyance : le patrimoine social (retraite obligatoire et supplémentaire, assurance-vie, l'épargne salariale ou les contrats de prévoyance individuels ou collectifs...).

Une fois la stratégie de gestion patrimoniale fixée, l'action du gestionnaire de patrimoine consistera à « mettre en musique » ces actions et à coordonner les réalisations des différents intervenants : banquiers, notaires, assureurs, agents immobiliers, fiscalistes...

Il faut noter, qu'il existe des certifications dans le domaine de la gestion de patrimoine avec par exemple l'association Conseil en Gestion de Patrimoine Certifié.

Quelle est la réglementation des conseillers en gestion de patrimoine ?

L'activité du conseil en gestion de patrimoine n'est pas une profession réglementée, il n'existe pas d'ordre des CGP, ni de diplôme spécifique comme pour les médecins par exemple.

Il existe une mosaïque de règles s'appliquant aux divers domaines dans lesquels les conseillers en gestion de patrimoine interviennent : transactions immobilières, courtage d'assurance, démarchage financier, activités de conseil.

Nous verrons plus spécifiquement les règles s'appliquant au démarchage financier dans le cadre de la partie sur la dimension financière, un point particulier devant être fait sur les nouvelles règles destinées à renforcer la protection du client dans le cadre du conseil en investissement financier (cf. partie 4, chapitre 7, page 167).

Une année 2018 qui va rebattre les cartes en termes de réglementation : mise en œuvre de la directive sur la distribution en assurance (DDA).

L'objectif principal de la directive consiste à renforcer la protection des consommateurs et à garantir une information sincère quel que soit le canal par lequel ils achètent un produit. Comme souvent dans les directives européennes, Il s'agit également d'harmoniser le marché européen en créant les conditions d'une concurrence équitable et loyale.

Nous n'analyserons pas les détails de la directive qui dépassent le propos de cet ouvrage. Elle entrera en vigueur le 1er octobre 2018.

Quels sont les acteurs de la gestion de patrimoine ?

La gestion de patrimoine se caractérise par la multiplicité des intervenants. On peut citer et la liste n'est pas exhaustive : les compagnies d'assurances, banquiers, courtiers en assurances, agents immobiliers, avocats, notaires, experts-comptables, conseillers en gestion de patrimoine indépendants, sociétés d'investissement, administrateurs de biens, gérants de portefeuille, commissaires-priseurs.

Il est possible d'établir une distinction entre les acteurs pour qui la gestion de patrimoine représente l'activité principale et ceux pour qui cette activité est un accessoire de l'activité principale.

Activité principale

Les établissements financiers qui disposent généralement d'un département ou d'une cellule dédié à la gestion de patrimoine.

Les compagnies d'assurances avec le développement considérable ces dernières années des contrats d'assurance-vie et autres produits financiers.

Les sociétés et conseillers indépendants où l'activité de conseil est exercée dans ce cas présent à titre libéral.

Activité accessoire

Les principaux sont les notaires, experts-comptables ou les avocats.

Caractéristiques communes : la réglementation de leur profession leur interdit de percevoir des commissions sur des produits d'investissement qu'ils pourraient conseiller.

En résumé, les conseillers en gestion de patrimoine ont une approche généraliste, les autres acteurs ayant une approche spécialisée en fonction de leur compétence spécifique.

À retenir

- Le patrimoine représente des actifs divers qui peuvent être possédés par des particuliers : actifs immobiliers, produits financiers, assurance-vie...
- Le patrimoine des Français représente huit années de revenus ou cinq années de PIB (produit intérieur brut).
- La pierre est le principal placement avec 56 % du patrimoine.
- La gestion de patrimoine concerne aussi bien les investissements immobiliers, les produits financiers que l'ensemble des actifs possédés.
- La gestion de patrimoine recouvre différents domaines : juridique, fiscal, financier.
- La gestion de patrimoine est exercée par des acteurs divers indépendants ou salariés, l'activité pouvant être exercée à titre principal ou accessoire.

1re PARTIE

LA DIMENSION STRATÉGIE ET OBJECTIFS PATRIMONIAUX

Chapitre 1

Connaître sa situation et son contexte

Qu'est-ce qu'un bilan patrimonial ?

Outil indispensable du bon pilotage de son patrimoine, le bilan patrimonial s'impose. Mais il n'a d'intérêt qu'à la condition d'être très régulièrement réactualisé.

Un patrimoine se construit au fil du temps, rendant nécessaire un inventaire régulier de sa situation financière.

Le bilan patrimonial est une étude personnalisée permettant d'établir un diagnostic précis de la situation patrimoniale d'une « entité » (particulier, famille, entrepreneur), appréhendée dans sa globalité.

Analyser la situation, étudier la composition des avoirs, préciser les objectifs et les besoins pour aujourd'hui et demain, tels en sont les principaux axes.

Le bilan patrimonial se déroule au travers d'un questionnaire détaillé et, développement des nouvelles technologies oblige, à l'aide d'un logiciel de simulation qui va permettre d'effectuer des projections financières. Ce document recueille l'ensemble des informations nécessaires à la réalisation de l'étude patrimoniale, notamment: situation familiale, régime matrimonial, existence de donations, patrimoine immobilier et financier avec leur importance relative... Préparé en tenant compte des événements qui marquent le cycle de vie d'un patrimoine, sa pertinence est d'autant plus grande.

N'éludons pas la question du coût. Une étude patrimoniale peut être gratuite ou facturée. Dans ce cas, elle le sera de façon forfaitaire, ou bien sous la forme d'honoraires dont les modalités sont précisées par une lettre de mission préalablement acceptée par le client (la pratique est encore assez rare en France) ou par une rémunération liée aux investissements.

Pour information, la facturation horaire peut s'élever aux environ de 150 à 200 € HT, un bilan complet pouvant représenter 1500 à 2000 € HT, étant entendu que ces montants peuvent être très variables selon les intervenants.

Quels sont les grands objectifs patrimoniaux ?

Les objectifs patrimoniaux ci-dessous ne sont pas les seuls, mais l'expérience montre qu'ils sont les plus couramment poursuivis :

- être propriétaire de sa résidence principale ;
- mettre en place de la prévoyance afin de protéger sa famille ;
- alléger la note fiscale ;
- investir dans l'immobilier locatif ;
- se constituer une épargne ;
- aider ses enfants ;
- transmettre le patrimoine ;
- préparer la retraite ;
- mettre en place une stratégie pour se procurer des revenus complémentaires.

Regardons-les plus en détail.

Être propriétaire est-il toujours intéressant ?

Au-delà d'une évidence, être propriétaire est un des buts patrimoniaux essentiels selon toutes les enquêtes faites sur le sujet. Cette affirmation est-elle toujours pertinente... ? Pas si sûr !

Pourquoi acheter ?

- **Première raison** : dans le cadre d'un raisonnement à long terme, arrivé à la retraite, le fait d'être propriétaire permet de faire l'économie d'un loyer alors que les revenus diminuent.

- **Deuxième raison** : l'état du marché immobilier. Dans nombre de régions, l'offre locative est souvent limitée sur des appartements familiaux et a fortiori sur des maisons.
- **Troisième raison** : la sécurité. La France dispose d'une législation très protectrice pour les locataires. Cependant un propriétaire a la faculté de résilier le bail d'un locataire pour vendre le logement ou le récupérer pour lui-même ou un membre de sa famille.

Autre motivation essentielle : ne plus payer un loyer à fonds perdus. Il s'agit d'un argument psychologique essentiel.

L'intérêt financier n'est pas forcément évident pour deux raisons :

Première raison : dans la plupart des cas, le propriétaire fait un apport personnel et supporte une charge de remboursement mensuelle supérieure pendant toute la durée de remboursement à celle d'un locataire pour un bien équivalent. Un raisonnement financier implique de prendre en compte le placement par un locataire de son apport personnel et la différence d'effort mensuel d'épargne de charge mensuelle.

Seconde raison : les charges financières d'un propriétaire sont toujours supérieures à celles d'un locataire. Aussi bien en ce qui concerne les travaux d'entretien ou les grosses réparations, qu'en termes d'impôts, par exemple la taxe foncière.

Pourquoi et comment mettre en place de la prévoyance afin de protéger sa famille ?

Un constat : personne n'est immunisé contre une maladie ou un accident. Il faut par voie de conséquence préserver les revenus de la famille quoi qu'il arrive.

Première raison : les prestations versées par la Sécurité sociale ne couvrent pas les pertes de revenus subies.

Deuxième raison : l'arrêt de travail par suite d'un accident ou d'une maladie, entraîne une diminution du revenu, alors que les charges continuent d'être dues.

Troisième raison : le décès a pour conséquence la transmission du patrimoine, et donc... des droits de succession à régler afin de conserver le patrimoine... alors que la famille se trouve privée de revenus ou à tout le moins avec des revenus diminués.

Quatrième raison : la famille se trouvera dans une difficulté financière qui peut compromettre l'avenir en termes de niveau de vie et surtout poser des problèmes pour l'éducation et le financement des études des enfants.

Un contrat de prévoyance doit permettre de compenser les conséquences financières liées à la disparition de l'un des conjoints.

Point d'information : la prévoyance recouvre la couverture des risques suivants :

- le décès ;
- la maladie ;
- la maternité ;
- l'incapacité ;
- l'invalidité ;
- l'hospitalisation.

Les solutions : un contrat de prévoyance est nécessaire pour garantir les revenus de la famille en cas de survenance des risques. Il garantit le paiement de capitaux et/ou d'indemnités complémentaires ou de rentes.

Le contrat de prévoyance collectif souscrit dans le cadre de l'entreprise permet, en fonction des garanties qu'il prévoit, de répondre à ce besoin de couverture. Revers de la médaille, si le salarié quitte l'entreprise, la protection sociale complémentaire disparaît.

Le contrat de prévoyance individuel permet également de couvrir les risques en maintenant un revenu au moyen d'indemnités, de rentes, de capitaux ; son montant sera fonction du niveau de couverture voulu par le souscripteur.

Pourquoi investir dans l'immobilier locatif ?

L'investissement en immobilier doit être examiné aux filtres des critères suivants : sécurité, liquidité, rentabilité.

Critère sécurité

En dépit des idées reçues, l'investissement pierre ne garantit pas le capital investi. Une baisse est possible, surtout après les hausses de ces dernières années.

Critère liquidité

On ne peut parler de liquidité pour l'immobilier. Les délais de vente et donc la plus ou moins bonne liquidité dépendront de l'emplacement, de l'absence de défaut majeur et d'un prix conforme au marché.

Critère rentabilité

Il correspond à l'addition du rendement locatif et de la valorisation du bien ; tant que le bien n'est pas vendu, la rentabilité reste aléatoire. À court terme, le seul rendement à surveiller provient des loyers.

⚠ *L'immobilier dispose d'un avantage sur la plupart des autres placements : il peut être acheté à crédit. La meilleure configuration : le loyer couvre les mensualités du prêt et les autres charges. Ainsi, l'effort d'épargne est très faible. Les loyers autofinancent l'acquisition. Après le remboursement du prêt, les loyers procurent un complément de revenu. En fonction du taux d'emprunt, il faut établir le taux de rendement minimal souhaitable.*

⚠ *Si vous empruntez à 2 %, le loyer doit vous assurer un rendement d'environ 4 % dans l'ancien.*

⚠ *L'autofinancement est rarement possible compte tenu des prix d'achat et de la rentabilité locative, sauf à avoir au moins 30 % d'apport personnel ou à recourir à un crédit* in fine *(cf. partie 5, chapitre 2) où tout le capital est remboursable au terme.*

Quelques éléments à connaître :

- Choisir un secteur où la demande locative est forte et solvable.
- Les petites surfaces sont louées proportionnellement plus cher que les grandes.
- Les studettes et les chambres de service d'au moins 9 m² sont toujours recherchées à Paris, moins en région.
- Enfin, il faut penser aux travaux éventuels à réaliser pour être aux normes.

Comment alléger la note fiscale ?

Il faut d'abord s'entendre sur la note fiscale dont on parle.

Impôt sur le revenu

Première constatation : il sera toujours difficile en 2018 de réduire l'impôt sur le revenu. La raison : l'affaiblissement des niches fiscales.

Pour 2012, les contribuables pouvaient bénéficier de réductions d'impôts dans la limite de 18000 € plus 4 % de leurs revenus. Pour 2013, l'ajustement proportionnel aux revenus disparaît. Le plafond est fixé à 10000 €. Situation au 1er janvier 2016 pour l'imposition des revenus de 2015, le total des avantages fiscaux ne peut pas procurer une diminution du montant de l'impôt dû supérieure à 10000 €, ou 18000 € en présence d'investissements Outre-Mer et de Sofica.

Pour l'imposition sur les revenus de 2017, le total des avantages fiscaux ne peut pas procurer une diminution du montant de l'impôt dû supérieure à 10000 € ou 18000 € en présence d'investissements Outre-Mer et d'investissement en SOFICA.

Pour les années 2019 et 2020, le montant du plafonnement des niches fiscales est fixé à 10000 € par an. Il s'agit d'une enveloppe globale annuelle de défiscalisation disponible qui peut comporter plusieurs produits ou dispositifs.

Cette limite est portée à 18000 € en cas d'utilisation des réductions d'impôt Outre-mer ou dans le cinéma (Sofica).

⚠ *Ce montant maximum a changé au cours des années. Il n'a pas toujours été celui des montants énoncés précédemment.*

Précision: un contribuable peut être amené à bénéficier en 2019 d'une réduction d'impôt concernant un investissement réalisé en 2011 ou 2012. Dans ce cas, c'est le plafonnement applicable cette année-là qui joue pour le dispositif concerné.

⚠ *Le plafonnement global ne s'applique pas à certains avantages fiscaux, par exemple les dons aux organismes d'intérêt général.*

Les différentes possibilités sont analysées dans cet ouvrage.

Impôt sur la fortune immobilière (IFI)

Réduction par les dons

Il est possible d'imputer sur le montant de l'IFI 75 % des dons consentis à des organismes habilités, dans la limite d'une réduction maximum de 50000 € par an.

Attention: à partir de 2018 il ne sera plus possible d'investir dans une PME, que ce soit en direct ou par l'intermédiaire de fonds spécialisés, afin de bénéficier d'une réduction d'IFI.

Comment se constituer une épargne ?

L'épargne peut répondre à deux raisons complémentaires : se constituer un capital et anticiper des besoins futurs de trésorerie par rapport à différents projets.

Concrètement la constitution de l'épargne va prendre deux voies :

- La première méthode va s'articuler autour de l'ouverture d'un compte épargne, sur lequel sera placée à intervalles réguliers la part des revenus disponibles après règlement des charges.

  Précision : la visibilité sur le capital futur accumulé n'est pas excellente si l'évaluation des revenus futurs est incertaine (cas des professions indépendantes).
- La seconde méthode sera fondée sur le versement d'une épargne régulière et quasi identique sur une période de temps donnée.

Bien entendu dans ce cas, il est possible de faire une projection sur le capital accumulé au bout d'une certaine période.

Les destinations de l'épargne constituée seront très diverses en fonction des objectifs patrimoniaux poursuivis. Depuis l'épargne de précaution jusqu'à l'épargne pour des projets à venir.

Comment aider ses enfants ?

L'aide va dépendre des différents âges de la vie.

L'époque des études supérieures :

- Première optique : régler les dépenses et procéder à un rattachement au foyer fiscal si l'enfant a moins de vingt-cinq ans ; en conséquence, le bénéfice de la minoration du quotient familial est gardé.
- Deuxième optique : détachement du foyer fiscal et versement d'une pension alimentaire déductible des revenus imposables en contrepartie de la diminution du quotient familial.

Dans les différentes étapes de la vie : il s'agit principalement des donations qui seront examinées dans cet ouvrage.

Objectif transmission : qu'entend-on par là ?

L'objectif de transmettre son patrimoine en toute sécurité à ses proches, conjoint, descendants ou autres doit respecter certaines conditions qui tiennent à la fois du bon sens et des objectifs propres que vous vous êtes fixés : concrètement, il faut à la fois optimiser la fiscalité, conserver des revenus... et son indépendance.

Tout d'abord la transmission du patrimoine revient à la protection du conjoint qui sera examinée par ailleurs.

Dans le cadre d'une stratégie de transmission, une possibilité à étudier concerne la donation avec réserve d'usufruit. Cette modalité permet de donner des biens en gardant l'usufruit, vous gardez alors le droit d'usage et de disposition sur le bien.

Les droits de donation sont calculés sur la valeur de la nue-propriété et non sur la pleine propriété. En conséquence, la base de calcul des droits est plus faible ; cette valeur est fixée en fonction de l'âge de l'usufruitier.

D'autres solutions existent dans différentes directions. À cet égard, on peut citer le changement éventuel de régime matrimonial (passage en communauté universelle). Il sera vu également dans les questions évoquées, la création d'une société civile immobilière et les charmes de l'assurance-vie.

Comment préparer sa retraite ?

Première idée : la retraite classique par répartition a son avenir derrière elle. Ce système est fondé sur la solidarité intergénérationnelle. Quatre éléments rendent le système condamné à plus ou moins brève échéance :
- l'allongement de l'espérance de vie ;
- l'âge de départ à la retraite ;
- le niveau atteint par les cotisations retraite ;
- la composition déséquilibrée de la pyramide des âges.

Comment faire ?

Toute stratégie de préparation de la retraite implique de distinguer deux âges de la vie :
- Le temps, de la vie active ou comment organiser son épargne en fonction de cet objectif.

- Le temps de la retraite ou comment anticiper la consommation de son patrimoine pour maintenir son niveau de vie.

Le temps de la vie active

Le principe est simple : il faut épargner. L'idéal est d'épargner le plus régulièrement possible ; cela revient à utiliser sa capacité d'épargne afin de se constituer un capital.

⚠ *Plus l'épargne est commencée jeune, plus par la magie de la capitalisation l'effet sera grand sur les sommes présentes à l'époque de la retraite.*

En pratique

Une partie des revenus sera consacrée à des investissements à travers les marchés financiers actions, obligations ou sans risque (assurance-vie, PEA, contrat de capitalisation, SICAV, FCP).

Réfléchir à long terme

L'épargne devra être dirigée vers des produits pouvant afficher des rendements attrayants sur le long terme. Paradoxalement au premier abord, il faut éviter les investissements systématiques vers les supports sans risque (type assurance-vie fonds euros) pour préférer des investissements réguliers et programmés sur les marchés financiers actions ou obligataires. Sur long terme, toutes les études montrent que la rémunération est plus importante.

⚠ *L'épargne retraite change à partir du 1er octobre 2019. La loi Pacte prévoit de remplacer les différents plans existants, dont le PERP, par un plan épargne retraite (PER) unique. Les différentes caractéristiques seront abordées lors des développements sur l'épargne salariale.*

Le temps de la retraite

Au moment du départ à la retraite l'approche se fera en trois temps :

1. Bilan de la situation actuelle et détermination des objectifs. Il faut réaliser une analyse globale de l'existant :
   - estimation des droits à la retraite/reconstitution de carrière, en France et à l'étranger s'il y a lieu ;
   - analyse des contrats de retraite supplémentaire ;
   - analyse du patrimoine professionnel et privé.

2. Analyse et choix des solutions :
   - quels produits choisir ? recherche des produits répondants aux critères définis, faire une analyse et des comparaisons ;
   - comment restructurer le patrimoine existant (financier ou immobilier) en fonction des objectifs ?
3. Réfléchir pour les entrepreneurs à la transmission de l'entreprise (mise en place de schémas sécurisés tenant compte de la situation fiscale personnelle) ; enfin, établir son budget de recettes et de dépenses afin d'optimiser la trésorerie.

Comment mettre en place une stratégie de revenus complémentaires ?

L'approche traditionnelle

Investissement de l'épargne sur un fonds euros d'un contrat d'assurance-vie, puis quand le besoin de revenus complémentaires se fait sentir, perception de revenus réguliers par le mécanisme des rachats partiels.

Avantage

Cette stratégie permet de bénéficier d'une garantie totale du capital tout en percevant chaque mois un revenu faiblement fiscalisé. L'investisseur ne percevant en guise de revenu que les intérêts acquis sur le fonds euros du contrat d'assurance-vie.

Une nouvelle donne

On assiste à la baisse des rendements nets des contrats en euros ; en conséquence, les montants à investir pour pouvoir assurer ses besoins uniquement sur les intérêts sont en hausse régulière.

Pour information : cette nouvelle donne incite à rechercher des solutions innovantes. Une de celles mises en avant par les conseillers en gestion de patrimoine réside dans l'achat de nue-propriété de parts de SCPI (société civile de placement immobilier).

Le mécanisme

Dans un premier temps, investissement d'un capital dans la nue-propriété de part de SCPI.

Le nu-propriétaire acquiert le droit d'être le plein propriétaire des parts de SCPI à l'extinction de l'usufruit.

⚠ *Pendant toute la durée du démembrement, le nu-propriétaire ne recevra aucun revenu, ne payera aucune charge. La nue-propriété peut être assimilée à une jouissance différée jusqu'à l'extinction de l'usufruit. Cette jouissance différée entraîne un prix payé minoré pour cette acquisition. Par exemple, si le démembrement de propriété porte sur une durée de 10 ans, le nu-propriétaire acquiert les parts de SCPI pour environ 65 % de leur valeur.*

Précision : en payant 65 %, le nu-propriétaire est certain de recevoir 100 % du prix des parts 10 ans plus tard.

Par rapport à un investissement en assurance-vie, il reste environ 35 % du capital (les parts en nue-propriété ayant été acquises pour 65 % de la valeur totale). Les 35 % peuvent être investis sur un produit permettant de percevoir un revenu pendant 10 ans.

Au bout des 10 ans, la pleine propriété est reconstituée ; les revenus complémentaires sont générés grâce aux revenus fonciers des SCPI.

Cette stratégie peut permettre de pallier la baisse des rendements des contrats d'assurance-vie et donc d'assurer les revenus complémentaires nécessaires. De plus, le capital est protégé grâce à l'investissement en SCPI et les revenus de SCPI tirés des loyers des bureaux et des boutiques suivent l'inflation.

À retenir

- Établir un bilan patrimonial : diagnostic d'une situation et détermination des objectifs.
- De la précision du bilan dépendra la pertinence des solutions proposées.
- Détermination de la stratégie et des objectifs patrimoniaux.
- Connaître les grands objectifs : prévoyance, épargne et transmission.

2e PARTIE

LA DIMENSION JURIDIQUE ET FAMILIALE

CHAPITRE 1

COUPLE ET PATRIMOINE

Quelles sont les conséquences patrimoniales du mariage ?

Le mariage entraîne l'apparition d'une nouvelle entité patrimoniale qui ne pouvait laisser indifférent le législateur. Plusieurs « couches » vont venir réglementer la vie juridique fiscale et sociale de la nouvelle unité patrimoniale créée par le mariage.

En premier lieu, on trouve ce qu'on pourrait appeler le socle commun à tous les mariages, à savoir le régime de base relatif aux règles qui concerneront les époux quel que soit par ailleurs leur choix de régime matrimonial. Dans ce cadre, rentre la solidarité en ce qui concerne les dettes ménagères, c'est-à-dire tout simplement celles qui concernent l'entretien courant du ménage et les frais liés à l'éducation des enfants.

En second lieu, il existe le régime matrimonial choisi par les époux et qui s'appliquera à la propriété et à la gestion des différents actifs possédés par les conjoints. Les époux sont souverains dans le choix de leur régime matrimonial, il existe ce que l'on appelle un régime légal c'est-à-dire un régime qui s'applique automatiquement si on n'a pas effectué de choix. Il s'agit du régime légal de la communauté réduite aux acquêts.

En dehors de tout régime matrimonial, chaque époux perçoit lui-même ses salaires et revenus divers et peut en disposer à sa guise après avoir supporté les charges du mariage (article 223 du Code civil). Dans le cas du régime légal c'est-à-dire la communauté réduite aux acquêts, les revenus de chaque époux constituent des biens communs.

Le mariage entraîne également des conséquences fiscales, les deux époux constituent un seul foyer fiscal et sont donc soumis à une imposition commune.

Il est important de noter que dans le cadre du mariage, le conjoint survivant aura droit à une pension de réversion sous certaines conditions de ressources et d'âge (cf. à propos de la réversion de la retraite, partie 6, chapitre 3, page 234). Il peut également bénéficier de capitaux décès dans le cadre d'un régime de prévoyance d'entreprise et également sous certaines conditions du capital décès de la Sécurité sociale.

Quels sont les avantages et les inconvénients de la communauté légale ?

Comme il a été dit précédemment, la communauté réduite aux acquêts constitue ce que l'on appelle le régime légal. Le régime de communauté depuis 1966 est composé uniquement des biens acquis par les époux pendant le mariage. Conséquence pratique : tous les biens possédés par chaque époux avant la célébration du mariage ou tombant dans leur patrimoine par succession ou libéralité sont exclus du périmètre de la communauté. Ce régime majoritaire en France présente les avantages et les inconvénients suivants.

Avantages

Il permet à chaque époux de conserver les biens acquis avant le mariage ainsi que les héritages postérieurs au mariage.

Il permet également le partage du patrimoine constitué au cours de la vie commune en cas de séparation.

Inconvénients

L'inconvénient le plus souvent pointé du doigt concerne l'inadaptation du régime à une profession libérale ou à un entrepreneur individuel. Dans le cadre de ce régime, les dettes peuvent être poursuivies sur l'ensemble des biens possédés par les époux, les dettes contractées pendant le mariage étant considérées comme des dettes communes.

Quelles sont les caractéristiques du régime de séparation des biens ?

Dans son principe, il s'agit d'un régime assez radical ; il n'existe pas de biens communs, aussi bien les biens que les dettes sont considérés comme étant propres. Les seules exceptions concernent les dettes contractées dans l'intérêt du ménage et celles concernant l'éducation des enfants. Petite précision : les impôts sont considérés comme étant des dettes communes.

Avantages

Ce régime assure l'indépendance la plus totale aux différents époux et se trouve être bien adapté au conjoint exerçant des activités indépendantes ou commerciales. En cas d'échec du mariage, la liquidation est plus simple que dans le régime légal.

Inconvénients

L'inconvénient essentiel de ce régime est qu'il est peu protecteur pour le conjoint en cas de déséquilibre marqué de patrimoine ou de revenus, ce qui est souvent le cas dans la pratique. En effet, tout du moins en théorie, les revenus d'un époux ne profitent pas à l'autre.

Quelles sont les caractéristiques du régime de participation aux acquêts ?

Il faut à dire quelques mots de ce régime, même s'il est assez « anecdotique » en France car très peu choisi. En conséquence, il est le régime le moins connu. Signalons que ce régime est le régime légal en Allemagne.

Un fonctionnement spécifique

- Au cours du mariage : ce régime fonctionne comme un régime de séparation des biens, chacun conservant la jouissance, l'administration et la libre disposition de ses biens.
- À la dissolution du mariage : ce régime fonctionne comme le régime de la communauté, à savoir le partage des bénéfices réalisés pendant le mariage.

Au moment de la rédaction du contrat de mariage, le notaire doit procéder à un inventaire de tous les biens de chacun des époux et ce de manière détaillée.

Au moment de la dissolution du mariage, que ce soit par décès ou par divorce, un inventaire est réalisé. Chaque patrimoine doit être évalué.

Ensuite, on fait une comparaison entre les deux inventaires et on évalue ainsi l'évolution du patrimoine de chacun des époux. Ce qui revient à mettre en évidence les acquêts de chacun. Une fois cette estimation opérée, chacun des époux participe à la moitié des acquêts de l'autre.

Le système n'est pas très simple, un petit exemple permet de le comprendre.

☞ *Monsieur et Madame Martin sont mariés selon le régime de la participation aux acquêts. Au début de leur mariage, monsieur avait 10 000 € et madame avait 10 000 €. Lors de la dissolution, Monsieur a 20 000 € et Madame a 30 000 €. Selon la règle, Madame Martin pourrait participer à hauteur de 5 000 € dans les acquêts de monsieur (20 000-10 000/2) et monsieur participerait à hauteur de 10 000 € dans les acquêts de madame (30 000-10 000/2). Monsieur Martin a donc donné 5 000 € pour récupérer 10 000 €, soit un gain de 5 000 €. Madame Martin a donné 10 000 € et reçu 5 000 €, soit une « perte » de 5 000 €.*

Pour la protection des conjoints, c'est, en cours de mariage, le même que pour un régime de séparation et, après le mariage, la participation aux acquêts protégeant le conjoint le plus « faible ».

Avantages

Pendant le mariage, ceux de la séparation de biens sans les inconvénients à la dissolution du régime.

✎ *Possibilité d'exclure les biens professionnels.*

Inconvénients

Difficultés d'évaluation des patrimoines d'origine à la fin du régime.

Règlement de la dette de participation pour l'époux exerçant une activité professionnelle.

Qu'est-ce que la communauté universelle ?

Dans le régime de la communauté universelle, tous les biens, présents et à venir, possédés par les époux sont mis en commun, quelle que soit la date d'acquisition (avant ou après le mariage), leur origine (achat, donation, etc.) et leur mode de financement.

Conséquence pratique: les époux sont responsables de leurs dettes personnelles sur l'ensemble de ces biens communs, que ces dettes aient été faites avant ou pendant le mariage.

Très souvent, les conjoints mariés sous le régime de la communauté universelle font insérer dans le contrat une clause d'attribution intégrale au survivant. Au décès d'un conjoint, l'autre recueille la totalité de la communauté sans aucuns droits de succession à payer.

La communauté universelle avec clause d'attribution intégrale permet d'assurer l'avenir du conjoint survivant en lui attribuant la totalité du patrimoine conjugal. Et cela en franchise fiscale totale.

⚠ *Ce régime n'est pas neutre pour les enfants. En effet, les enfants sont héritiers « réservataires » donc normalement, ils ont droit à une part minimale d'héritage du défunt (appelée « réserve ») quand un de leurs parents décède.*

Dans le cadre de la communauté universelle avec clause d'attribution intégrale, les enfants du couple n'ont aucun droit sur la succession de leur parent décédé.

✎ *La clause d'attribution intégrale de la communauté au conjoint survivant n'empêche pas les héritiers du premier défunt (enfants issus d'un autre lit, par exemple) de demander la reprise des éventuels biens et capitaux apportés par le défunt à la communauté et dont il était le propriétaire avant le mariage.*

Avantage accessoire

La communauté est attribuée au conjoint survivant sans formalité aucune. Nul besoin de rédiger une déclaration de succession puisqu'il n'y a pas de succession.

⚠ *Contrairement aux donations au dernier vivant, qui peuvent être révoquées à tout moment par le donateur, le régime de la communauté universelle ne peut être modifié qu'avec le consentement des deux intéressés.*

Inconvénients

La communauté universelle avec clause d'attribution intégrale présente d'importants inconvénients pour les enfants du couple. Comme il a été dit précédemment, ils devront payer des droits de succession plus importants. En effet, avec les autres régimes matrimoniaux, ils recueillent l'héritage de leurs parents en deux temps et profitent donc deux fois du barème progressif et des abattements parent/enfant actuellement en vigueur. Alors qu'ici, la totalité du patrimoine des parents sera transmise en une seule fois, une fois que les deux parents seront décédés.

Ce régime a connu un succès important ces dernières années car il est bien adapté aux couples âgés sans enfants, ou dont les enfants sont à l'abri du besoin ou avec qui les liens sont distendus.

Quelles sont les conséquences patrimoniales du PACS ?

Chacun des partenaires conserve l'administration et la libre disposition sur ses biens personnels. Il suffit de prouver qu'il a la propriété du bien. Sans justification de propriété, les biens sont censés appartenir à chacun pour moitié dans le cadre de l'indivision.

Il existe une solidarité entre les membres du PACS pour ce qui concerne les dettes contractées pour les besoins de la vie courante, ce qu'on peut appeler les dettes ménagères.

Dès la conclusion du PACS, les partenaires sont soumis à une imposition commune et sont dans la même situation que les contribuables mariés en ce qui concerne la détermination du quotient familial. Il existe également une imposition commune en ce qui concerne l'impôt sur la fortune.

⚠ *Depuis le 1er janvier 2011, les règles fiscales ont changé pour les mariés. Les couples qui se marient vont désormais avoir le choix, l'année de leur union, entre remplir une déclaration commune ou deux déclarations séparées. Auparavant, trois déclarations étaient signées. Deux séparées, du début de l'année à la date de l'union, et une commune, de la date de l'union à la fin de l'année. Cette modification n'est pas sans incidence fiscale. En particulier pour les ménages imposés à des tranches de revenus élevés, qui grâce à la triple imposition qui existait, payaient moins d'impôts. En effet, la base d'imposition pour chacune des trois déclarations était moindre.*

Pacs-mariage : quelles sont les différences ?

La famille

En l'absence de contrat de mariage, les époux sont soumis au régime légal de la communauté réduite aux acquêts.

Les concubins pacsés sont eux normalement soumis au régime de la séparation de biens sauf dispositions contraires. Attention : dans le cadre d'un Pacs il n'est pas possible d'adopter le régime de la communauté universelle, contrairement aux couples mariés.

Dans le cas du mariage, le divorce est une procédure qui peut être longue. La rupture du pacs est une formalité administrative a priori rapide.

Les successions

De manière très résumée, le mariage protège le conjoint survivant par différentes dispositions qui sont vues dans cet ouvrage alors que le Pacs doit être adapté pour protéger le conjoint, comme il est indiqué par ailleurs.

La fiscalité

Mariage/Pacs : pas de différence dans l'impôt sur le revenu et l'IFI.

Successions et donations bénéficient des mêmes abattements et barèmes que les couples soient mariés ou pacsés.

⚠ *Attention : pour les donations, l'abattement et le barème spécifiques sont remis en cause si le pacs prend fin avant le 31 décembre de la deuxième année suivant la signature du pacte, pour une raison autre que le décès ou le mariage.*

À retenir

- La communauté légale est composée uniquement des biens acquis par les époux pendant le mariage.
- Le régime de séparation de biens : pas de bien commun, aussi bien les biens que les dettes sont considérées comme étant propres.
- Le régime de participation aux acquêts : pendant le mariage, ce régime fonctionne comme un régime de séparation de biens : à la dissolution du mariage, ce régime fonctionne comme le régime de la communauté.
- Le régime de la communauté universelle : tous les biens, présents et à venir, possédés par les époux sont mis en commun.
- PACS : chacun des partenaires conserve ses biens personnels. Il suffit de prouver qu'il a la propriété du bien. Sans justification de propriété, les biens sont censés appartenir à chacun des partenaires pour moitié dans le cadre d'une indivision.

Chapitre 2

Couple, patrimoine et rupture

Comment se liquide le régime matrimonial des époux ?

La liquidation du régime matrimonial est une opération comptable et juridique qui comporte les étapes suivantes :

1. Déterminer l'état du patrimoine.
2. Établir, éventuellement, un compte des sommes que peuvent se devoir les ex-époux. Un compte des récompenses peut également être établi pour déterminer si une dette est due par la communauté au patrimoine propre d'un conjoint ou inversement.
3. Calculez le montant de la part revenant à chacun des époux.
4. Faire la liste des biens des époux (l'actif) et leurs dettes (le passif).
5. Établissement par le notaire d'un projet de partage (répartition de l'actif et du passif) qu'il soumettra aux époux.
6. Signature si les époux l'acceptent, d'un acte de partage.

En cas de désaccord, le partage ne peut être que judiciaire.

Comment concrètement se partage le patrimoine ?

Tout dépendra bien entendu du type de régime matrimonial.

Premier cas : liquidation du régime de la communauté légale

Chacun des époux reprendra ses biens propres tandis que la communauté sera liquidée, c'est-à-dire partagée en deux parts égales.

Deuxième cas : dissolution du régime de la séparation des biens

Chacun des époux reprendra ses biens personnels. Les biens indivis seront partagés.

Si l'époux a participé à l'activité professionnelle de son conjoint et réclame une rémunération, il recevra une indemnité s'il prouve que sa participation est allée au-delà de son obligation normale de contribuer aux charges du mariage.

Que deviennent les donations et avantages patrimoniaux consentis durant le mariage ?

Définition

La donation est un contrat par lequel une personne (le donateur) se dépouille irrévocablement, de son vivant, sans contrepartie et avec une intention libérale, d'un bien, en faveur d'une autre personne (le donataire) qui y consent. Nous verrons dans les questions spécifiques sur le sujet les différentes donations.

Cette transmission de patrimoine peut être exécutée du vivant du donateur ; on parle alors d'une « transmission entre vifs ».

Elle peut être décidée par le donateur sous la condition que le bénéficiaire lui survive ; on parle alors de « donation à cause de mort ».

Petit point d'histoire : jusqu'à la réforme de 2004, en cas de divorce pour faute, la donation consentie pouvait être révoquée librement.

Depuis la réforme, la répartition des torts n'a plus de conséquence sur les donations.

Cependant, si la donation a été faite par un époux à son conjoint, pendant le mariage, avant le 1er janvier 2005, la donation peut être révoquée librement.

Elle est même automatiquement révoquée à l'égard de l'époux contre lequel est prononcé un divorce pour faute.

Désormais, selon l'article 265 du Code civil, la distinction se fait selon le type de biens qui a été donné et non plus selon le type de divorce qui a été prononcé.

Premier cas

S'agissant des donations sur des biens présents (la donation au sens classique du terme), si la donation est faite par un époux à son conjoint, pendant le mariage après le 1er janvier 2005 : la donation est alors irrévocable. Le conjoint ne peut reprendre son bien même en cas de divorce prononcé aux torts de son époux.

Deuxième cas

S'agissant des donations dont l'effet se produit à la dissolution du mariage, au décès de l'un des époux, ou des donations à cause de mort (essentiellement la donation au dernier vivant) : elles sont révoquées automatiquement par le divorce.

L'époux qui a fait la donation peut s'il le désire la maintenir ; il devra en informer le juge (art. 265 alinéa 1 du Code civil).

Qu'est-ce qu'une prestation compensatoire ?

Définition

La prestation compensatoire est la somme que peut être obligé de verser l'un des époux à l'autre à la suite d'un divorce. Aux termes de l'article 270 du Code civil, la prestation compensatoire est destinée à compenser la disparité que la rupture du mariage crée dans les conditions de vie respectives des époux.

⚠ *Depuis la réforme de 2004, le principe de l'attribution d'une prestation compensatoire a été généralisé ; le droit à prestation compensatoire ne dépend plus de l'attribution des torts, mais uniquement de facteurs économiques.*

✎ ***Première situation :*** *le cas du divorce par consentement mutuel.*

Les époux fixent le montant et les modalités de la prestation compensatoire dans la convention qu'ils soumettent à l'homologation du juge (article 278-1 Code civil). Cependant, le juge pourra refuser d'homologuer la convention s'il estime qu'elle fixe de manière inéquitable les droits et obligations des parties.

Deuxième situation : *le cas du divorce contentieux.*

Le juge fixe la prestation compensatoire. Les époux peuvent également se mettre d'accord et soumettre à l'homologation du juge les accords auxquels ils sont parvenus (article 268 du Code civil et 279-1 du Code civil).

Comment fixer le montant de la prestation compensatoire ?

Il ne s'agit pas d'un calcul mathématique, chaque prestation est déterminée au cas par cas selon différents critères à la fois objectifs et subjectifs énoncés ci-dessous :

- le temps plus ou moins long du mariage ;
- l'âge et l'état de santé des conjoints ;
- le parcours et la situation professionnelle respective ;
- les conséquences des options professionnelles prises par l'un des époux pendant la vie commune afin de prendre en charge l'éducation des enfants, ce qui n'a pu avoir comme effet de favoriser la carrière d'un conjoint au détriment de l'autre ;
- le patrimoine estimé ou prévisible des conjoints, aussi bien en capital qu'en revenu, après la liquidation du régime matrimonial ;
- la situation des époux en matière de pension de retraite.

On trouve une énumération des différents critères à l'article 271 du Code civil.

⚠ *Il ne s'agit pas d'égaliser les situations des conjoints, mais de rétablir un équilibre rompu par le divorce, de compenser les seules disparités qui se sont créées pendant la vie commune et qui résultent en général des choix de vie des époux. La situation classique étant celle de la femme ayant cessé de travailler pour élever les enfants du couple.*

⚠ *Le paiement en capital est la règle, le paiement en rente l'exception.*

Selon l'article 270 du Code civil, elle prend la forme d'un capital soit par versement d'une somme d'argent, soit par attribution de biens en propriété ou d'un droit d'usage, d'habitation ou d'usufruit (article 274 du Code civil).

Le juge peut également décider, à titre exceptionnel, que la prestation prenne la forme d'une rente viagère, par une décision spécialement motivée, lorsque l'âge ou l'état de santé du créancier ne lui permet pas de subvenir à ses besoins (article 276 du Code civil).

Postérieurement au divorce, le débiteur peut demander la révision des modalités de paiement en cas de changement important de sa situation.

Quelle est la fiscalité de la prestation compensatoire ?

Quand la prestation compensatoire est payée en une seule fois ou en plusieurs fois, dans un délai de 12 mois à compter du jugement de divorce, le débiteur bénéficie d'une réduction d'impôt sur le revenu équivalent à 25 % du montant de la prestation compensatoire dans la limite d'un plafond de 30 500 €.

Cette réduction d'impôt correspond à une réduction maximum de 7 625 €

Sanction des mauvais payeurs

Depuis le 4 avril 2012 lorsque le débiteur paye au-delà des 12 mois alors que le jugement de divorce ou la convention prévoyait qu'il devait payer dans l'année suivant la décision de justice, il ne peut plus bénéficier ni de la réduction d'impôt maximale de 7 625 € ni déduire fiscalement les versements faites après le 4 avril 2012 en tant que pensions alimentaires.

Le créancier qui ne recevra pas la prestation compensatoire dans l'année du jugement de divorce n'aura plus à payer des impôts sur le revenu sur les versements reçus au-delà des 12 mois comme précédemment. Précisions : une procédure peut permettre de faire payer la prestation compensatoire par un tiers qui doit de l'argent à l'ex-conjoint (employeur, caisse de retraite...). Il faut produire la décision de justice ayant fixé le montant de la prestation compensatoire et justifier que l'ex-conjoint en a été informé officiellement par acte d'huissier.

Quelles sont les conséquences patrimoniales de rupture d'un PACS ?

Le Code civil, dans son article 515-7 prévoit que « les partenaires procèdent de leur propre chef à la liquidation des droits et obligations résultant pour eux du pacte civil de solidarité. En l'absence d'accord, le juge statue sur les conséquences patrimoniales de la rupture, sans préjudice de la réparation du dommage éventuellement subi ».

Le cadre du PACS prévoit que chaque partenaire est libre de rompre le pacte quand il le souhaite et pour des motifs qui lui sont personnels.

La question qui peut se poser est celle de l'existence d'un préjudice dû à la rupture. Ce préjudice pourra-t-il donner lieu à indemnisation ?

L'indemnisation dépendra alors du préjudice subi. Elle pourra être versée sous forme d'un capital ou d'une rente.

Il appartiendra au partenaire délaissé d'apporter la preuve que la faute a entraîné de lourdes conséquences : financières et autres...

On relève dans cette situation de nouveau l'importance de prévoir l'« après-pacte » lors de la rédaction de la convention afin d'anticiper et de prévenir.

Depuis le 1er janvier 2010, le juge compétent en cas de litiges relatifs au patrimoine des couples pacsés, en cas de rupture du PACS, est le juge aux affaires familiales (TGI).

Depuis 2007, les biens sont réglés par le régime légal ou les dispositions contenues dans le pacte ou dans l'acte d'acquisition.

Concrètement : deux dispositions.

Les partenaires restent propriétaires des biens qu'ils possédaient avant le PACS et sont soumis au régime de la séparation des biens (chacun reste propriétaire des biens qu'il acquiert).

Les biens acquis ensemble ou les biens dont il est impossible de désigner le propriétaire sont en indivision, à chacun pour moitié.

Que se passe-t-il en cas de vente de la résidence principale ?

Depuis le 24 juillet 2007, les plus-values ne sont plus imposables en cas de vente ou de partage des immeubles entre partenaires. Cette disposition s'applique aux immeubles cédés qui constituaient la résidence principale des partenaires lors de la séparation.

Il faut également que la vente soit justifiée par la séparation du couple, par une mutation professionnelle, pour cause d'invalidité du cédant ou de son conjoint, ou en cas de décès du conjoint du cédant.

Il existe une autre option en cas de rupture : l'attribution préférentielle.

Quelles sont les conséquences patrimoniales de fin d'un concubinage ?

Dans le concubinage, la rupture est aussi libre que l'union, ce qui a pour conséquence qu'en principe chaque concubin peut reprendre sa liberté sans avoir de compte à rendre à l'autre, ou presque.

En effet, on distingue dans la pratique un certain nombre de conséquences à la rupture d'un concubinage :

- La réparation éventuelle de la fin du concubinage par l'allocation de dommages-intérêts en raison d'une rupture qualifiée de fautive.
- Dans certains cas, la rupture du concubinage peut être considérée comme une faute, bien qu'en principe la rupture ne saurait être constitutive d'une faute puisque les concubins n'ont aucun droit ou obligation dans leurs rapports personnels.
- Le sort du logement ou des biens immobiliers communs.
- Dans de nombreux cas, les questions relatives au logement des concubins peuvent poser des difficultés. En effet, en pratique les concubins sont soit locataires du logement d'habitation ou bien propriétaires. Il convient donc de gérer le sort de l'occupation du logement.

De plus, lorsque les concubins ont fait en commun l'acquisition d'un bien immobilier, leur rupture amène à devoir gérer le sort de l'indivision sur ledit bien, notamment lorsqu'aucune disposition n'a été prévue.

Si les ex-concubins ne parviennent pas à se mettre d'accord, la sortie d'indivision immobilière se soldera par la vente sur licitation du bien immobilier.

À retenir

- Liquidation du régime de la communauté légale : la communauté sera liquidée, c'est-à-dire partagée en deux parts égales.
- Dissolution du régime de la séparation de biens : chacun des époux reprendra ses biens personnels. Les biens indivis seront partagés.
- La donation au dernier vivant sera révoquée automatiquement en cas de divorce.
- La prestation compensatoire : chaque prestation est déterminée au cas par cas selon différents critères à la fois objectifs et subjectifs.
- Le paiement en capital est la règle, le paiement en rente l'exception.
- PACS : chaque partenaire est libre de rompre le pacte quand il le souhaite et pour des motifs qui lui sont personnels. Indemnisation si préjudice subi.

Chapitre 3

Couple et protection du conjoint

Quels sont les droits du conjoint survivant ?

Essentiellement trois situations doivent être envisagées.

Première situation : les droits du conjoint survivant en présence d'enfants.

Si tous les enfants sont communs aux époux, le conjoint survivant devra choisir entre :

- la totalité en usufruit (droit d'utiliser ou de percevoir les revenus d'un bien) ;
- ou le 1/4 en pleine propriété.

⚠ *Peu importe que les enfants soient nés avant ou pendant le mariage, pourvu qu'ils aient le même père et la même mère.*

La situation est différente si le défunt a un ou plusieurs enfants d'une autre union : le conjoint survivant n'a pas le choix, il a droit à 1/4 en pleine propriété.

Deuxième situation : en présence d'ascendants, père ou mère (ou les deux) du conjoint défunt, mais sans enfants.

Si présence des deux parents :
- 1/2 pour le conjoint ;
- 1/4 pour le père ;
- 1/4 pour la mère.

Si présence d'un seul parent :
- 3/4 pour le conjoint ;
- 1/4 pour le père ou la mère.

⚠ *Dans le cas où le défunt n'aurait pas d'enfant, ses parents bénéficient d'un droit de retour légal sur une partie des biens qu'il avait reçus par donation de ceux-ci.*

Troisième situation : en l'absence d'enfants et de parents.

Le conjoint survivant recueille la totalité de la succession en pleine propriété (aussi bien usufruit que nue-propriété). En revanche, il hérite seulement de la moitié des biens propres provenant d'une succession ou d'une donation de la part de ses ascendants.

En effet, sans descendants ou parents, les biens propres issus de famille reviennent pour moitié au conjoint et pour l'autre moitié aux frères et sœurs du défunt. La raison étant de permettre à certains biens de rester dans la famille du défunt.

En l'absence d'enfant, le conjoint survivant hérite obligatoirement d'au moins 1/4 des biens. Il s'agit de son droit réservataire. Impossible de l'en priver par un testament.

⚠ *Lorsque le conjoint recueille la totalité ou les 3/4 de la succession, les ascendants du défunt (autres que les père et mère) qui sont dans le besoin peuvent demander ce que l'on appelle de manière imagée, une « créance d'aliment » (somme destinée à couvrir les besoins primaires de la personne). Celle-ci leur sera payée par la succession. Pour cela, la demande doit être faite dans un délai d'un an.*

Qu'est-ce que la donation au dernier vivant ?

Définition

La donation au dernier vivant ou donation entre époux est un acte notarié par lequel un conjoint lègue à l'autre tout ou partie de ses biens au cas où il viendrait à décéder.

Cette donation, qui prend effet au décès du donateur, s'apparente donc plutôt à une disposition testamentaire. Elle peut être faite dans le contrat de mariage (ce qui est rare) ou ultérieurement pendant le mariage.

La donation entre époux est dans la plupart des cas réciproque (dans ce cas, les époux se donnent mutuellement leurs biens en cas de décès) mais elle peut être unilatérale.

Avantages

La donation au dernier vivant permet d'accroître la part d'héritage du conjoint, sans pour autant léser les autres héritiers (parents et enfants) de la part réservataire des biens qui leur revient.

Elle peut porter sur tous les biens présents ou à venir, ou sur une partie des biens, comme la quotité disponible.

Plaçons-nous dans le cas de la présence d'enfants, cette donation va permettre de laisser au conjoint un quart de l'héritage en pleine propriété et trois quarts en usufruit ou la totalité en usufruit (droit d'utilisation sans propriété).

En cas d'absence d'enfants mais de présence au moins de l'un des parents, la donation entre époux peut donner au conjoint l'ensemble des biens, sauf les biens donnés par les parents, ils pourront les récupérer (en vertu du « droit de retour »).

En présence de frères et sœurs, sans une donation, ces derniers pourraient faire valoir leur droit de retour sur la moitié des biens hérités des parents de l'époux décédé. En vertu de la donation entre époux, le conjoint recevra la totalité de la succession (y compris la part sur les biens familiaux).

En présence d'enfants non communs :

- Un enfant non issu des deux époux (ex. : enfant unique de l'époux décédé) :
  - la moitié de l'héritage en pleine propriété ;
  - la totalité en usufruit (option qui n'existe pas dans la dévolution légale) ;
  - trois quarts en usufruit plus un quart en pleine propriété.
- Deux enfants dont un au moins n'est pas issu des deux époux :
  - un quart de l'héritage en pleine propriété ;
  - la totalité en usufruit ;
  - trois quarts en usufruit plus un quart en pleine propriété.

- Trois enfants (ou plus) dont un au moins n'est pas issu des deux époux :
  - un quart en pleine propriété ;
  - la totalité en usufruit ;
  - trois quarts en usufruit plus un quart en pleine propriété.

Comment protéger son conjoint survivant de seconde noce ?

Dans une famille recomposée, le conjoint ne correspond pas forcément à un premier mariage. Diverses dispositions pourront protéger le conjoint.

En premier lieu, choisir le régime légal, c'est-à-dire celui de la communauté réduite aux acquêts, est une solution intéressante. Il prévoit que les biens achetés pendant le mariage par l'un des époux sont communs. Ainsi, au décès de l'un, la moitié de ces biens revient au conjoint survivant, et ce même si le défunt avait des enfants issus d'une première union. En revanche, en ce qui concerne l'autre moitié des biens communs et les biens personnels du défunt, les enfants nés de la première union seront parties prenantes pour le partage.

En second lieu, opter pour une donation.

La donation est particulièrement recommandée, en particulier lorsqu'il existe des enfants de différentes unions. Sans donation, au décès, le conjoint survivant reçoit seulement la moitié du patrimoine. S'il est prévu une donation au dernier vivant, celui-ci peut recevoir l'ensemble du patrimoine du défunt, en dehors de la partie promise aux héritiers réservataires.

La donation au dernier vivant n'est pas la seule possibilité. Il est également possible de léguer seulement l'usufruit d'un bien immobilier par exemple. En ce cas, le conjoint survivant continue à habiter le logement jusqu'à son décès. Là, le bien est transmis aux héritiers : de plus il n'y a pas de droits de succession à payer.

Qu'est-ce qu'une donation ?

C'est un acte juridique qui nécessite (sauf le don manuel) l'intervention d'un notaire. Par cet acte, une personne (le donateur) transmet la propriété d'un bien mobilier ou immobilier ou de liquidité à une autre personne (le donataire) qui l'accepte.

Le terrain d'élection des donations est d'abord la famille. Cependant, les donations peuvent concerner des personnes sans liens familiaux, il est possible de donner à une œuvre ou à une association. En fonction de la valeur du bien donné et du lien de parenté qui existe entre celui qui donne et celui qui reçoit, l'État comme pour une succession fait payer des droits selon un pourcentage variable.

Le paiement des droits de donation évite le paiement des droits de succession. Afin d'encourager la transmission plus rapide des biens entre les générations, la loi encourage la donation plutôt que la succession, notamment avec des avantages fiscaux qui seront vus ci-après.

Qu'est-ce qu'un don manuel ?

Définition

Le don manuel consiste en une simple remise matérielle d'un bien meuble : un meuble, des espèces, un chèque, des valeurs mobilières. Aucune condition de forme n'est exigée.

⚠ *Un don manuel ne peut porter sur un bien immobilier.*

Caractéristiques

Les conditions de validité sont celles des donations : accord réciproque des deux parties (l'acceptation du bénéficiaire peut être tacite ou implicite), cause licite, capacité juridique.

⚠ *Comme toutes les donations, le don manuel est irrévocable. Les dons manuels sont soumis au régime légal des donations et ne doivent donc pas porter atteinte à la réserve héréditaire.*

✎ *Le don manuel se distingue du « présent d'usage » qui se caractérise par sa faible valeur au moment de la transmission (la faible valeur étant estimée en fonction de la fortune du donateur) et par le fait qu'il est motivé par un événement particulier : mariage ou anniversaire, par exemple.*

Doit-on déclarer un don manuel et quelles sont les conséquences fiscales ?

Tout d'abord il faut savoir que le bénéficiaire d'un don manuel n'est pas obligé de le signaler à l'administration fiscale lorsqu'il le reçoit. En l'absence de déclaration, aucun impôt n'est dû. Ce n'est que lors de la déclaration du don qu'un impôt sera éventuellement versé.

Quatre situations entraînent normalement la déclaration d'un don manuel :

1. Le décès du donateur, en effet il est obligatoire d'indiquer les donations dont a pu bénéficier un héritier.
2. Un contrôle fiscal : le don manuel révélé à cette occasion doit être déclaré dans le mois suivant sa révélation.
3. Lorsque le don est reconnu judiciairement par le donataire dans un acte soumis à enregistrement, le cas se rencontre essentiellement dans le cadre de litiges entre héritiers.
4. Lorsque le don est reconnu par le donataire dans un acte soumis à enregistrement.

Le dépôt de la déclaration auprès des services fiscaux a une triple conséquence :

- la valeur du don est figée pour le calcul des éventuels droits de donation, une prise de valeur postérieure du bien n'aura pas d'incidence ;
- la date du don est incontestable ;
- la date d'enregistrement de l'acte permet, notamment, de faire courir le délai de 10 ans pour bénéficier à nouveau des abattements fiscaux.

Quels sont les abattements fiscaux pour les donations et les successions ?

Une nouvelle donne depuis 2013 : un net durcissement

Jusqu'à 2012, dans le cadre d'une donation ou succession intervenant entre ascendants et descendants (par exemple : parent(s) et enfant(s)), il était possible de bénéficier d'un abattement sur la part reçue de 159 325 €. Depuis 2013, l'abattement est de 100 000 €, il en sera de même en 2020. Au-delà, les droits de mutation seront exigibles selon le barème ci-après.

Part nette taxable après abattement	Taux
Jusqu'à 8 072 €	5 %
Entre 8 072 € et 12 109 €	10 %
Entre 12 109 € et 15 932 €	15 %
Entre 15 932 € et 552 324 €	20 %
Entre 552 324 € et 902 838 €	30 %
Entre 902 838 € et 1 805 677 €	40 %
Au-delà de 1 805 677 €	45 %

La liste des divers abattements pour les donations :
- abattement grand-parent/petit-enfant : 31 865 € ;
- transmission arrière-grand-parent/arrière-petit-enfant : 5 310 € ;
- abattement entre époux ou pacsés : 80 724 € ;
- abattement entre frères et sœurs : 15 932 € ;
- abattement entre oncles-tantes et neveux-nièces : 7 967 €.

⚠ *Abattement sur les dons d'argent : 31 865 € sur les dons en argent des ascendants en faveur des descendants, le donateur devant être âgé de moins de 80 ans. Ces abattements se cumulent avec les abattements de droit commun ci-dessus.*

Dans le cadre d'une donation ou d'une succession à destination d'un ascendant ou descendant souffrant d'un handicap, l'abattement est également de 100 000 € auquel s'ajoute la majoration spécifique de 159 325 € qui est maintenue. Dans ce cas, la taxation s'effectuera donc au-delà de 259 325 €.

Enfin, le conjoint et le partenaire de PACS restent exonérés de droits de succession.

⚠ *Le délai entre deux donations exonérées est allongé.*

Le délai de rappel fiscal, à savoir le temps nécessaire avant de pouvoir renouveler la part de l'abattement déjà utilisée dans le cadre d'une précédente donation, passe de 10 ans à 15 ans.

Ce délai s'applique également aux dons familiaux en espèces ainsi qu'aux donations-partages...

L'indexation du barème et des abattements est également supprimée.

☞ *Suppression du mécanisme de lissage. En 2011, le délai de rappel fiscal avait déjà été allongé de 6 à 10 ans dans le cadre de la Loi de Finances Rectificative. Pour permettre une application progressive de cette mesure, un mécanisme de lissage avait été mis en place pour les donations réalisées entre 2001 et l'entrée en vigueur de la loi du 29 juillet 2011. Selon l'ancienneté de la donation, l'idée était alors d'appliquer un abattement progressif entre la 6e et 10e année.*

Ce mécanisme n'a pas été conservé dans le cadre de la Loi de Finances Rectificative de 2012.

Conditions requises

- Le bénéficiaire doit avoir plus de 18 ans au jour de la donation.
- Le donateur doit avoir moins de 80 ans.

Qu'est-ce qu'une donation-partage et quels sont ses avantages ?

La donation-partage permet de procéder au partage et à la distribution de tout ou partie du patrimoine d'une personne de son vivant.

⚠ *Ce partage ne pourra pas être remis en cause lors de l'ouverture de la succession.*

Ces libéralités ne peuvent être consenties qu'au profit des futurs héritiers du donateur. Ce sont en particulier les enfants, les petits-enfants, les frères et sœurs...

On peut distinguer essentiellement deux avantages à la donation-partage :

- elle permet de faire un partage qui ne pourra pas être remis en question. Elle est pour le donateur un moyen de procéder à l'organisation de sa succession par anticipation ;
- les biens donnés par le biais de la donation-partage sont évalués au jour de la donation. Cela est un réel avantage car la valeur retenue sera celle du jour de la donation. Il y a fort à parier qu'au jour de la succession la valeur sera plus importante.

Une donation-partage requiert le recours d'un notaire. Un acte notarié est nécessaire pour faire acquérir à la donation-partage tous ses effets.

1. *La donation-partage est valable même si elle ne concerne par tous les héritiers du donateur.*
2. *Elle peut être inégale dans sa répartition. La donation-partage peut prévoir de donner plus à l'un ou l'autre des donataires, ce qui peut avoir pour effet d'avantager un enfant par rapport à un autre.*

⚠ *Afin d'éviter les problèmes lors de la succession, il est impératif que tous les héritiers fassent partie de la donation et qu'ils bénéficient d'une part à peu près égale du patrimoine afin que la réserve légale ne soit pas atteinte. Dans le cas contraire, le bénéficiaire devra indemniser les autres héritiers.*

Comment répartir son patrimoine entre tous les enfants issus de différentes unions ?

L'état des lieux

Une famille recomposée comprend à la base deux personnes qui peuvent être mariées, pacsées ou en concubinage. Ensuite, il peut exister des enfants communs et des enfants en propres à l'un ou à l'autre. Toutes ces personnes n'ont pas les mêmes liens d'hérédité. Les enfants d'un conjoint issus d'une précédente union, au regard du droit des successions, ne présentent a priori aucun lien de parenté avec l'autre conjoint. Diverses solutions patrimoniales existent.

La donation aux enfants de son conjoint

Il est possible d'effectuer une donation-partage, c'est-à-dire donner des biens de son vivant, aux enfants communs aussi bien qu'aux enfants de chacun des conjoints nés d'une précédente union.

⚠ *L'administration fiscale considère qu'en cas de donation de bien commun, seul le parent de l'enfant concerné a donné, mais pas l'autre conjoint même s'il détient la moitié du bien. Il considère que ce dernier a simplement donné son accord pour autoriser la donation. Concrètement, il y aura un impact fiscal non négligeable. Si des biens communs sont attribués à des enfants communs, ces derniers bénéficient d'un abattement maximal de 318 650 €. En revanche, si des biens communs sont reçus par des enfants non communs, l'abattement est divisé par deux et n'est plus que de 159 325 €.*

L'adoption simple

Pour annuler cette disposition fiscale, il existe une solution : l'adoption simple. Cette forme d'adoption ne change pas les rapports des enfants et de leurs parents biologiques, y compris en ce qui concerne l'héritage. En revanche, les donations effectuées le sont dans des conditions fiscales identiques à celles faites aux enfants biologiques. Pour effectuer cette adoption simple, il faut être âgé de plus de 28 ans et que la différence d'âge avec l'enfant soit d'au moins quinze ans, même si cet élément est laissé à l'appréciation du juge.

⚠ *Il est nécessaire de recueillir l'accord de l'enfant s'il est âgé de plus de 13 ans. Dans le cas où il est mineur, il faut aussi obtenir le consentement des parents biologiques.*

Succession et PACS : que se passe-t-il ?

Ci-après, ce qui est prévu en matière de succession, en cas de décès de l'un des partenaires pacsés.

Premier cas

Il n'existe pas de descendant, il est alors possible de léguer par testament l'ensemble de ses biens au partenaire survivant.

Deuxième cas

Il existe des descendants, le legs ne peut dépasser la quotité disponible, c'est-à-dire la part du patrimoine dont peut librement disposer le défunt.

⚠ *Les personnes liées par un PACS sont considérées comme des tiers par rapport à la succession. Autrement dit, en l'absence de testament, elles n'ont aucun droit dans la succession. Toutefois, depuis 2007, le partenaire survivant est exonéré des droits de succession à payer. Cependant, le bénéfice de cette exonération est remis en cause si le PACS est rompu au cours de l'année de sa conclusion ou de l'année suivante pour un motif autre que le mariage entre les partenaires et le décès de l'un d'entre eux. Par ailleurs, un abattement de 20 % sur la valeur vénale de la résidence principale du partenaire défunt est également appliqué si, au moment du décès, la résidence est occupée par le partenaire survivant ou les enfants mineurs ou les majeurs protégés du défunt ou de son partenaire.*

Qu'est ce qui change en matière de succession avec le règlement européen sur les successions internationales ?

Depuis le 17 août 2015, la loi applicable sera celle de l'État dans lequel le défunt avait sa résidence habituelle au moment du décès, ou celle de sa nationalité s'il l'avait désignée avant son décès comme loi applicable au règlement de sa succession.

À retenir

- Les droits du conjoint survivant en présence d'enfants : choix entre la totalité en usufruit ou le 1/4 en pleine propriété.
- La donation au dernier vivant permet d'accroître la part d'héritage du conjoint, sans pour autant léser les autres héritiers (parents et enfants) de la part réservataire des biens qui leur revient.
- Le don manuel consiste en une simple remise matérielle d'un bien meuble : un don manuel ne peut porter sur un bien immobilier.
- Les donations bénéficient d'abattement en fonction des liens de parenté.
- La donation-partage permet de procéder au partage et à la distribution de tout ou partie du patrimoine d'une personne de son vivant.
- Il est possible d'effectuer une donation-partage, c'est-à-dire donner des biens de son vivant, aux enfants communs aussi bien qu'aux enfants de chacun des conjoints nés d'une précédente union.
- PACS : s'il existe des descendants, le legs ne peut dépasser la quotité disponible, c'est-à-dire la part du patrimoine dont peut librement disposer le défunt.

3e PARTIE

LA DIMENSION FISCALE

Chapitre 1

Un panorama des impôts

Quels sont les grands principes de l'impôt ?

L'INSEE le définit comme un versement obligatoire et sans contrepartie aux administrations publiques et aux institutions européennes.

Il sert principalement à financer les dépenses.

Les impôts doivent être distingués d'autres versements obligatoires :

- les cotisations sociales, qui en effet ouvrent droit à une prestation ;
- les versements obligatoires à des destinataires autres que des administrations publiques (l'assurance automobile obligatoire) ;
- les versements, obligatoires ou non, effectués au profit d'administrations publiques en contrepartie de services (ex. : le timbre fiscal acquitté pour l'établissement d'un passe)

Quatre principes régissent les impôts :

1. le principe de légalité, défini dans l'article 34 de la Constitution, précisant que les règles concernant l'assiette, le « taux », et les modalités de recouvrement des « impositions de toutes natures » sont fixées par la loi, donc par le Parlement ;

2. le principe d'annualité, selon lequel le Parlement doit donner chaque année au pouvoir exécutif l'autorisation de percevoir l'impôt ;
3. le principe d'égalité : selon l'article 13 de la Déclaration des droits de l'homme de 1789, « la contribution commune doit être également répartie entre tous les citoyens en raison de leurs facultés » ;
4. le principe de nécessité.

Plusieurs distinctions peuvent être faites entre les impôts :

- les impôts directs - payés directement par les contribuables - et indirects comme la taxe sur la valeur ajoutée ;
- les impôts nationaux et relevant des collectivités locales ;
- ceux proportionnels (même taux d'imposition pour tous les contribuables) et progressifs (le taux s'accroît avec le montant imposable) ou dégressifs.

Quelles sont les différentes catégories de revenus imposables ?

Les revenus soumis à l'impôt sur le revenu sont répartis en sept grandes catégories :

1. les traitements, salaires, pensions, retraites et rentes ;
2. les revenus des placements financiers ;
3. les plus-values mobilières, immobilières et gains divers (ventes de valeurs mobilières, d'immeubles...) ;
4. les bénéfices industriels et commerciaux ;
5. les bénéfices non commerciaux des professions libérales et assimilées ;
6. les bénéfices agricoles ;
7. les revenus fonciers.

Quelles sont les différentes catégories de revenus exonérés ?

Certains revenus ne sont pas à déclarer. Ils sont exonérés d'impôt sur le revenu.

Il peut s'agir :

1. d'une exonération totale, par exemple :
   - les prestations familiales légales (allocations familiales, allocation logement, allocation de rentrée scolaire...) ;

- les sommes perçues au titre du revenu de solidarité active (RSA);

⚠ *Le RSA « complément d'activité » doit toutefois être déclaré.*

- les indemnités journalières versées par la Sécurité sociale ou la Mutualité Sociale Agricole (ou pour leur compte) liées à une maladie comportant un traitement prolongé et particulièrement coûteux;
- l'aide à la famille pour l'emploi d'une assistante maternelle agréée, ainsi que de la majoration de cette aide, ainsi que l'allocation de garde d'enfant à domicile (AGED);
- les intérêts des sommes inscrites sur un livret A de Caisse d'Épargne, un livret d'épargne populaire, un LDD, un livret d'épargne entreprise, un compte ou plan d'épargne logement, un livret Jeune...

2. d'une exonération partielle:
   - la moitié des indemnités journalières d'accident du travail ou de maladie professionnelle versées par la Sécurité sociale ou la Mutualité Sociale Agricole;
   - l'article 81bis du Code général des impôts (CGI) stipule que les salaires versés aux apprentis munis d'un contrat répondant aux conditions prévues par le Code du travail sont exonérés d'impôt sur le revenu dans une limite égale au montant annuel du SMIC.

Le régime fiscal de l'indemnité de départ à la retraite perçue par un salarié diffère selon que le départ a lieu à l'initiative du salarié ou de l'employeur.

⚠ *Les règles: les indemnités de départ volontaire en retraite sont imposables en totalité. Mais tout n'est pas si simple. Les indemnités de mise à la retraite à l'initiative de l'employeur sont exonérées d'impôt à hauteur du plus élevé des trois montants suivants:*

- *indemnité prévue par la convention collective;*
- *par l'accord professionnel;*
- *par la loi.*

Si l'indemnité perçue est supérieure à ce montant, elle est exonérée:

- soit à hauteur de 50 % de son montant,
- soit à hauteur du double de la rémunération annuelle brute perçue par le salarié au cours de l'année civile précédant la rupture de son contrat de travail, dans la limite de 202 620 € en 2019. La fraction de l'indemnité supérieure à cette limite est à déclarer au titre de salaires.

Nouveauté

Jusqu'à maintenant, les salariés pouvaient bénéficier d'un régime spécial d'imposition sur la fraction imposable de leurs indemnités de départ en retraite ou de mise à la retraite. Ce régime, dit de l'étalement, permettait de répartir les indemnités reçues par parts égales sur l'année de leur perception et les trois années suivantes plutôt que de les déclarer intégralement l'année de leur perception. Conséquences : moins d'imposition compte tenu du caractère progressif du barème de l'impôt.

L'option pour ce régime s'exerçait lors du dépôt de la déclaration par les salariés.

La loi de finances pour 2020 propose de supprimer ce régime pour les indemnités de retraite perçues à compter du 1er janvier 2020. En revanche, les salariés partis à la retraite en 2019 pourront encore en bénéficier sur les indemnités qu'ils ont perçues en 2019.

La part de l'indemnité de départ relative à une clause de non-concurrence est imposable.

Comment calculer le revenu global net imposable ?

Le revenu global net imposable est composé des sept catégories de revenus imposables vus ci-dessus. À partir de là, il sera déterminé exactement quel est le montant à payer au titre de l'impôt sur le revenu. Il est constitué par la somme de tous les revenus catégoriels non exonérés, perçus par tous les membres composant le foyer fiscal. Il faudra ensuite tenir compte de toutes les charges déductibles et des abattements donnant lieu à des réductions d'impôts.

Quels revenus sont imposés dans la catégorie des traitements et salaires ?

Sont imposés dans la catégorie des traitements et salaires :

- l'ensemble des rémunérations de toute nature (y compris les primes, commissions, intéressement, avantages en nature, etc.) versées au titulaire d'un contrat de travail qu'il soit privé ou public, dans le cadre de son activité ;
- les pensions et rentes viagères ;
- les indemnités de chômage et allocations assimilées ;
- les allocations et aides à caractère social ou familial dans la mesure où elles donnent lieu à imposition.

Par assimilation, sont imposés dans cette catégorie certains revenus ne constituant pas au sens strict des salaires :

- les rémunérations versées aux agents généraux d'assurances, aux écrivains-compositeurs, à certains dirigeants de sociétés soumises à l'IS ;
- les rémunérations versées aux parlementaires, aux élus locaux ;
- les salaires versés aux conjoints des chefs d'entreprises individuelles et des associés de sociétés de personnes mariées sous le régime de la séparation de biens (et dans une certaine limite pour les autres régimes).

Que recouvrent les revenus fonciers ?

Définition du revenu foncier

⚠ *Les revenus fonciers représentent les revenus du patrimoine immobilier. Il s'agit essentiellement des loyers perçus de vos biens non meublés mis en location.*

Les revenus des locations meublées sont à déclarer comme des bénéfices industriels et commerciaux (BIC) et non comme revenus fonciers.

✎ *Les revenus fonciers ne font pas partie des revenus qui seront concernés par le prélèvement forfaitaire unique (PFU), appelé dans le jargon la* Flat Tax, *instauré sur les revenus du capital.*

Les revenus fonciers sont imposables. Deux régimes d'imposition sont possibles.

Quel régime d'imposition des revenus fonciers ?

Le régime de droit commun : l'imposition sur les revenus fonciers se calcule après avoir imputé les charges inhérentes aux biens loués, ce qui reste constitue les revenus fonciers nets.

Quelles charges déductibles des revenus fonciers ?

Certaines dépenses peuvent être imputées aux revenus fonciers bruts avant le calcul de l'impôt, les éléments essentiels sont :

- les intérêts de l'emprunt (pour acheter le bien locatif ou réaliser des travaux) ;
- les impôts et taxes des biens loués ;
- les assurances, frais de gestion ;
- les dépenses d'amélioration, d'entretien et de réparation.

Quels sont les avantages du régime microfoncier ?

Lorsque les loyers ne dépassent pas 15000 € dans l'année, le contribuable est automatiquement placé sous le régime du microfoncier. Mais celui-ci peut préférer la déclaration des loyers réels. Il n'a pas à en demander l'autorisation préalable au fisc. Il suffit pour cela de remplir une déclaration 2044 et de la joindre à sa déclaration générale de revenus 2042. Le contribuable peut se procurer ce document au centre des impôts ou le télécharger sur Internet. Il faut alors reporter le revenu net foncier obtenu dans la 2044 en case BA, cadre 4, page 3 de la déclaration 2042 normale.

⚠ *Avec le régime microfoncier, le contribuable renonce à toute déduction des charges réelles. L'abattement de 30 % est censé couvrir toutes les dépenses. Il est donc nécessaire, avant d'accepter le microfoncier, d'additionner les charges et de vérifier si elles dépassent ou non 30 % des revenus locatifs. Si elles dépassent, il est préférable de déclarer au réel sur l'imprimé 2044.*

⚠ *Il est possible de passer du microfoncier au réel à tout moment tout en sachant que l'engagement est alors pour trois ans.*

Les logements acquis par le biais de dispositifs de défiscalisation (Duflot, Girardin, Malraux...) ne peuvent entrer dans cette catégorie.

Que recouvrent et comment sont imposés les revenus mobiliers ?

Les revenus mobiliers proviennent des valeurs mobilières possédées par le contribuable (actions, parts de SARL, obligations, bons de capitalisation, etc.). Les grandes catégories sont les suivantes :

- Les produits des placements à revenu variable : les dividendes. Ils sont versés par les sociétés soumises à l'IS aux associés.
- Les produits des placements à revenu fixe. Il s'agit des revenus fixes perçus par les détenteurs d'obligations, de bons de caisse, de compte à terme, etc.
- Les produits « exonérés ». Il s'agit des intérêts versés par les éléments suivants : livrets A et assimilés, plan et compte d'épargne logement, livret Jeune.

✎ *L'imposition est identique, que le contribuable détienne les titres en direct ou qu'il les possède par l'intermédiaire des organismes de placement collectif en valeurs mobilières (OPCVM).*

Les revenus mobiliers sont imposables l'année de leur paiement ou de leur inscription au compte du contribuable, et les frais et charges supportés pour l'acquisition ou la conservation des revenus mobiliers sont déductibles.

⚠ *Comme les autres revenus catégoriels, les revenus mobiliers sont également soumis aux prélèvements sociaux, soit 17,2 % actuellement.*

Comment sont imposés les dividendes ?

Cela ne concerne naturellement que les entreprises soumises à l'IS.

Petit rappel sur l'IS : le taux est de 15 % jusqu'à 38 120 € de bénéfices pour les entreprises réalisant moins de 7,63 millions d'euros de chiffre d'affaires pour 2018. Au-delà, il est de 28 % pour les 500 000 premiers euros de bénéfices, puis de 33,33 %. Pour information, le taux d'IS doit être ramené à 25 % à l'horizon 2022.

Imposition des dividendes 2017[1]

Les dividendes et les revenus versés aux personnes physiques sont imposables au barème progressif après un abattement de 40 %, y compris à l'occasion de la liquidation de la société ou quand les bénéfices distribués n'ont pas supporté l'IS au taux normal.

Important : les prélèvements sociaux sur le patrimoine s'appliquent avant l'abattement de 40 %, donc sur le montant brut des dividendes.

Changement Imposition 2018

À compter de l'imposition des revenus 2018, les dividendes sont soumis au « PFU » Prélèvement Forfaitaire Unique (PFU ou Flat Tax), l'abattement de 40 % étant supprimé.

Le contribuable peut aussi opter pour l'imposition au barème progressif et bénéficier dans ce cas, de l'abattement de 40 %. Mais cette option est valable pour l'ensemble des plus-values et revenus mobiliers de l'année en question. Cette solution n'est intéressante qu'en dessous d'un seuil de revenus à calculer au cas par cas. Cependant le barème progressif sera plus intéressant si le taux est de 14 % et la Flat Tax meilleure si le taux est de 30 % et au-delà.

1. *L'imposition 2017 est conservée à titre d'information*

Prélèvement à la source

Les personnes physiques qui perçoivent des dividendes doivent acquitter un prélèvement à la source non libératoire au taux de 21 % (12,8 % à compter du 1er janvier 2018), prélèvement imputable sur l'impôt sur le revenu à venir.

Exemple de calcul : distribution de dividendes de 50 000 €.

En 2017, les sommes suivantes sont prélevées :

- 7 750 € de CSG/CRDS.
- 10 500 € de précompte d'impôt sur le revenu (21 % de 50 000 €).

Le bénéficiaire aurait également payé 3 000 € d'impôt complémentaire (supposition de taux marginal de 45 %), compte tenu de l'abattement de 40 %.

L'abattement de 40 % donne une base imposable de 30 000 €, soit au taux de 45 % = 13 500 €. La société a déjà payé 10 500 €, il reste bien 3 000 € à payer. Au total, le bénéficiaire aurait donc reçu 28 750 € : 50000 - 7 750 - 10 500 - 3 000 = 28 750 €.

En 2018, le bénéficiaire aurait perçu 35 000 €. En effet, la société aurait donné 15 000 € de prélèvement forfaitaire unique, ce qui laisse donc 50 000 - 15 000 = 35 000 €. Pour une fois le contribuable y gagne…

Petite concession : les contribuables appartenant à un foyer fiscal dont le revenu fiscal de référence de l'avant-dernière année est inférieur à 50 000 € (contribuables célibataires, divorcés ou veufs) ou 75 000 € (contribuables soumis à imposition commune) peuvent demander à être dispensés de ce prélèvement. La demande de dispense doit être formulée, sous la responsabilité du contribuable, au plus tard le 30 novembre de l'année précédant celle du versement.

Comme il s'agit de revenus du patrimoine et non d'une activité professionnelle, aucune charge sociale n'est due sur le dividende perçu.

Qu'est-ce que les bénéfices industriels et commerciaux ?

Sont considérés comme bénéfices industriels et commerciaux (BIC), pour l'application de l'impôt sur le revenu, les bénéfices réalisés par des personnes physiques et provenant de l'exercice d'une profession commerciale, industrielle ou artisanale (article 34 du Code général des impôts).

Ces bénéfices proviennent d'une profession commerciale ou d'une activité assimilée, lorsque cette profession ou activité est exercée par une personne physique ou une société ne relevant pas de l'impôt sur les sociétés.

Ces bénéfices, au titre de la loi, concernent également des activités immobilières, imposées au titre des BIC, à savoir ceux issus :
- des marchands de biens ainsi que des lotisseurs ;
- des profits provenant des opérations de construction ;
- des loyers perçus par les loueurs de locations meublées (professionnels ou non) ;
- de la location de parkings ou de garages si elle s'accompagne de certaines prestations (lavage, entretien, distribution d'essence...).

Qu'est-ce que les bénéfices non commerciaux ?

De façon générale, constituent des BNC les bénéfices qui n'entrent pas dans le champ d'application des bénéfices industriels ou commerciaux ou des bénéfices agricoles. En ce domaine, la loi prévoit deux manières de déterminer le bénéfice imposable.

Revenus imposables

Ce sont ceux réalisés par les personnes physiques membres des professions libérales (médecins, dentistes, architectes, etc.) ou des titulaires de charges et offices ministériels (notaires, huissiers, etc.).

Précision : Le législateur impose aux BNC certains revenus ne relevant d'aucune autre catégorie de revenus, par exemple : les droits d'auteur perçus par les écrivains et compositeurs.

Comment déterminer le montant du bénéfice imposable ?

Montant du bénéfice imposable

Le mode de détermination du bénéfice imposable est fonction du montant des recettes annuelles.

Le régime de la déclaration contrôlée

La somme, appelée bénéfice, déclarée au titre de l'impôt sur le revenu, est constituée par l'excédent des recettes totales sur les dépenses nécessitées par l'exercice de la profession. Il est réalisé sur l'année civile.

Les recettes

Les recettes comprennent toutes les sommes encaissées ou créditées en compte au cours de l'année de l'imposition : n'entrent donc pas, sauf exception, dans le revenu imposable les créances acquises mais non perçues.

Les dépenses déductibles

Les charges déductibles comprennent les dépenses professionnelles effectivement payées et les pertes exceptionnellement subies pendant l'année de l'imposition, quelle que soit la période à laquelle elles se rapportent.

Le régime micro-BNC

depuis le 1er janvier 2018, le régime de la micro-entreprise s'applique tant que le CAHT annuel (chiffre d'affaires effectivement encaissé au cours de l'année civile) ne dépasse pas 70 000 € pour les prestations de service et les professions libérales relevant des BNC.

La détermination du bénéfice imposable

Le montant des recettes perçues dans l'année doit être porté directement sur la déclaration 2042 (plus précisément sur le formulaire 2042 C). Le bénéfice est calculé automatiquement par application d'un abattement de 34 % avec un minimum de 305 €.

Depuis le 1er janvier 2018 et à partir des revenus 2017, les régimes micro-BIC et micro-BNC ne sont pas liés à la franchise de TVA. Désormais, il est possible de bénéficier d'un régime micro en matière d'imposition des bénéfices sans pour autant être soumis à la franchise en base de TVA.

En effet pour bénéficier de la franchise de TVA, le chiffre d'affaires annuel hors taxes ne doit pas dépasser 33 200 € pour les prestations de service et les professions libérales relevant des BNC.

Moyenne annuelle des recettes (HT)	Régime applicable	
	Automatiquement	Sur option
Jusqu'à 70 000 €	« Déclaratif simplifié »	« Déclaration contrôlée »
Au-delà de 70 000 €	« Déclaration contrôlée »	Pas d'option possible

Comment sont imposés les bénéfices agricoles ?

Comme pour les revenus fonciers ou les autres revenus professionnels, le régime d'imposition des bénéfices agricoles dépend des recettes.

Les bénéfices agricoles sont exclus du bénéfice du régime de l'auto-entrepreneur.

Les revenus tirés de ces activités agricoles peuvent relever de trois modes d'imposition en fonction du seuil des recettes de l'exploitation agricole et des options choisies par l'exploitant :

1. le régime des « micro-exploitations » dit « micro-BA », remplaçant à compter de l'année 2016, le régime du forfait agricole ;
2. le régime du bénéfice réel simplifié ;
3. le régime du bénéfice réel normal.

En détail

1. Régime micro-BA

Moyenne des recettes inférieure à 82 800 € HT (2019) sur les trois dernières années.

Dispense du dépôt d'une déclaration spéciale. Il faut souscrire une déclaration complémentaire de revenus n°2042-C-PRO.

2. Régime réel simplifié

Moyenne des recettes annuelles réalisées au cours des deux dernières années comprise entre 82 800 € et 352 000 €.

Chaque année, au plus tard le 2e jour ouvré suivant le 1er mai, nécessité de remplir la déclaration spéciale n° 2139 - SD pour indiquer les recettes de l'année précédente (N-1).

Elle doit être accompagnée du bilan et d'un compte de résultat simplifiés.

3. Régime réel normal

Moyenne des recettes annuelles réalisées au cours des deux dernières années supérieures à 352 000 €.

Chaque année, au plus tard le 2e jour ouvré suivant le 1er mai, il faut renseigner la déclaration spéciale n° 2143 - SD mentionnant les résultats de l'année précédente ou de l'exercice clos au cours de cette année, accompagnée du bilan, compte de résultat.

Les exploitants doivent indiquer sur leur déclaration complémentaire à leur déclaration de revenus (déclaration n° 2042 C pro) le montant des recettes de l'année d'imposition et des 2 années précédentes, ainsi que celui des plus-values réalisées ou des moins-values subies au cours de l'année

S'il y a dépassement des seuils du régime micro-BA, l'entreprise passe dans un régime réel d'imposition à partir du 1er exercice suivant la période triennale qui constate le dépassement du seuil.

Qu'est-ce que le crédit d'impôt ?

Le crédit d'impôt permet de réduire son impôt à payer, dans ce cas on parle de réduction d'impôt, ou de percevoir un remboursement via un chèque du centre des impôts. En effet, si vous n'êtes pas imposable ou si votre impôt est inférieur au montant du crédit d'impôt, vous bénéficiez quand même du remboursement de certaines sommes engagées. C'est la différence avec la réduction d'impôt qui, elle, est strictement imputée à l'impôt dû : les non-imposables ne peuvent donc pas en bénéficier.

Le type de dépenses détermine si vous avez droit à un crédit d'impôt ou plutôt à une réduction fiscale. Renseignez-vous bien auprès des services des impôts avant de réaliser vos dépenses ou investissements car ils peuvent être plus ou moins avantageux selon votre situation ou votre niveau d'imposition.

Crédit d'Impôt et prélèvement à la source

L'impôt à la source s'applique bien entendu aux revenus des contribuables en 2020.

Le taux du prélèvement appliqué ne tient pas compte des crédits et des réductions d'impôt dont les contribuables bénéficient pour leurs dépenses effectuées en 2019. Cela est logique dans la mesure où ces dépenses ne seront connues des impôts qu'après la déclaration de revenus (adressée en mai-juin 2020), le remboursement de ces avantages fiscaux n'a lieu qu'au cours de l'été.

Bonne nouvelle, comme ce fut déjà le cas en janvier 2019, le gouvernement verse aux contribuables bénéficiant de certains crédits ou réductions d'impôts une avance en début d'année, le solde étant versé au mois de juillet 2020. Cette mesure a un impact évident sur la trésorerie, puisqu'elle permet de toucher une somme correspondant à une partie de ses crédits ou réductions d'impôt sans avoir à attendre l'été.

Qu'est-ce que le prélèvement à la source ?

Le prélèvement à la source a été reporté d'un an et est intervenu au 1er janvier 2019 sur les revenus 2019, selon le mécanisme ci-après.

En 2018, pas de changement, les contribuables déclarent le revenu 2017 et payent leur impôt selon les modalités habituelles. À signaler, les acomptes provisionnels de février et mai sont donc toujours en vigueur.

La déclaration des revenus perçus en 2017 est adressée au printemps 2018, l'administration fiscale applique alors le barème de l'impôt 2018 pour calculer le montant du solde de l'impôt.

Bien entendu en 2019, les contribuables continuent à payer un impôt !

En janvier 2019 : prélèvement à la source des revenus de janvier 2019 en fonction du taux ayant été calculé par rapport à la déclaration des revenus de 2017. En février 2019, prélèvement des revenus de février 2019. Il en sera ainsi tous les mois et en mai 2019 déclaration des revenus de 2018. En septembre 2019, avec le prélèvement à la source des revenus de septembre 2019, il est procédé à la mise à jour du taux de prélèvement. À partir d'octobre et jusqu'en décembre 2019, le prélèvement à la source sur les revenus est fondé sur le nouveau taux basé sur la déclaration des revenus 2018.

Et les revenus 2018 ? Les revenus de 2018 ne sont pas imposés mais doivent tout de même être déclarés afin d'être « effacés » - selon la terminologie du Ministères des Finances, via un crédit d'impôt spécifique.

Le taux de prélèvement à la source est de nouveau actualisé en septembre 2020. Le taux applicable aux revenus perçus à compter de cette date est calculé en appliquant le nouveau barème de l'impôt aux revenus de 2019, déclarés au fisc au printemps 2020.

En résumé, si le système est plus simple pour le contribuable, il est moins intéressant en termes de trésorerie, en effet l'ancien système entraînait la perception des revenus avant impôts alors que le prélèvement à la source entraîne la perception de revenu après impôts.

Exemple de crédits d'impôt :

- garde des enfants à l'extérieur ;
- le crédit d'impôt pour travaux de développement de durable et d'économie d'énergie ;
- le crédit d'impôt pour travaux d'aide à la personne.

Nouveautés 2020

1. À partir du 1er janvier 2020, le prélèvement à la source s'applique aux salariés à domicile. Sa mise en œuvre sera simplifiée par l'intermédiaire des dispositifs des services CESU et PAJEMPLOI. L'employeur versera au salarié sa rémunération nette de prélèvement à la source qui sera indiquée lors de sa déclaration en ligne. L'employeur pourra profiter des options appelées Cesu+ ou Pajemploi+. Ces services assureront le versement direct du salaire net d'impôt au salarié, la retenue de l'impôt à la source étant versée à l'administration fiscale.

2. Le crédit d'impôt pour la transition énergétique (CITE) devient une prime appelée MaPrimeRénov pour les ménages les plus modestes (quatre premiers déciles de revenus). Le montant de la prime dépendra à la fois du type de travaux engagé et du revenu fiscal du foyer.

Les foyers fiscaux situés entre le 5e et le 8e décile de revenus continueront à bénéficier du crédit d'impôt pour leurs travaux de rénovation énergétique jusqu'à la fin 2020.

Et pour les 20 % de ménages des tranches supérieures, le bénéfice du CITE sera soumis à conditions puisque réservé à leurs travaux d'isolation des parois opaques.

Quelles sont les nouveautés 2020 de l'impôt sur le revenu ?

Les limites des tranches du barème de l'impôt sur le revenu sont revalorisées de 1 %.

La loi de finances pour 2020 modifie en profondeur le barème progressif de l'impôt pour l'imposition des revenus perçus à compter de 2020.

En premier lieu, le taux de la première tranche d'imposition sera ramené de 14 % à 11 %, et le plafond de revenus de cette tranche sera réduit à 25 659 € au lieu de 27 794 € pour l'imposition des revenus de 2019.

De fait, le seuil d'entrée dans la tranche d'imposition à 30 % s'en trouvera abaissé d'autant et le plafond de cette même tranche sera également réduit, passant de 74 517 € pour l'imposition des revenus de 2019 à 73 369 € pour l'imposition des revenus de 2020.

Barème impôt sur les revenus 2020	
Tranche de revenu imposable	**Taux d'imposition**
De 0 € à 10064 €	0 %
De 10064 € à 25659 €	11 %
De 25659 € à 73369 €	30 %
De 73369 € à 157806 €	41 %
Au-dessus de 157806 €	45 %

Le plafonnement du quotient familial permet de limiter l'avantage fiscal lié au nombre de parts accordé à un foyer. Chaque année, les plafonds peuvent être modifiés. Pour 2019, vous trouverez ci-après les plafonnements selon les diverses situations :

- 1551 € pour chaque demi-part supplémentaire, contre 1524 € en 2018.
- 776 € pour chaque quart de part supplémentaire, contre 764 € en 2018.
- 927 € pour la demi-part supplémentaire pour les personnes vivant seules ayant élevé un enfant pendant au moins 5 ans, contre 912 € en 2018.
- 3660 € pour la part entière du premier enfant à charge pour les personnes séparées, célibataires ou divorcées qui élèvent seules leurs enfants, contre 3602 € en 2018.
- 4830 € pour les personnes veuves avec des enfants à charge, contre 4775 € en 2018.

La quasi-totalité des revenus et plus-values de toute nature perçus par les personnes physiques fiscalement domiciliées en France est soumise à un ensemble de prélèvements sociaux destinés à combler le déficit des régimes sociaux.

Pourcentages et taux en vigueur en 2019

- La Contribution Sociale Généralisée (CSG) : 9,2 %.
- La Contribution au remboursement de la dette sociale (CRDS) dont le taux est de 0,5 %.
- Le prélèvement de solidarité au taux de 7,5 % sur les revenus du patrimoine et de placement soumis à la CSG.
- Le total est donc bien de 17,2 %.

Petit baume au cœur une partie de la CSG est déductible :

- Revenus du capital : 6,80 %.
- Traitements et salaires : 6,80 %.
- Indemnités chômage : 3,80 %.
- Pensions retraites : 5,90 %.

À retenir

- Les quatre principes des impôts :
  - le principe de légalité ;
  - le principe d'annualité ;
  - le principe d'égalité ;
  - le principe de nécessité.
- Les revenus soumis à l'impôt sur le revenu sont répartis en sept grandes catégories :
  - les traitements, salaires, pensions, retraites et rentes ;
  - les revenus des placements financiers ;
  - les plus-values mobilières, immobilières et gains divers (ventes de valeurs mobilières, d'immeubles...) ;
  - les bénéfices industriels et commerciaux ;
  - les bénéfices non commerciaux des professions libérales et assimilées ;
  - les bénéfices agricoles ;
  - les revenus fonciers.

Chapitre 2

Les différentes plus-values et leur imposition

Quelle fiscalité pour les plus-values mobilières ?

Imposition 2017

Abattements sur la plus-value

La plus-value imposable brute est ensuite réduite d'un abattement pour durée de détention, calculée à compter de la date d'acquisition des titres :

- 50 % pour une détention entre deux et moins de huit ans ;
- 65 % pour une durée de détention d'au moins huit ans.

Sous réserve de respecter les conditions exigées, les titres de sociétés récentes peuvent bénéficier d'abattements majorés.

Imposition de la plus-value

La plus-value imposable nette, après abattement, est alors soumise au barème progressif de l'impôt sur le revenu comme en 2016.

La CSG acquittée est imputable à hauteur de 5,1 % sur le revenu global imposable du contribuable.

Imposition 2018

Attention changement majeur

Flat Tax sur plus-values

La plus-value imposable est soumise à un prélèvement forfaitaire unique (PFU ou Flat Tax), comprenant les prélèvements sociaux.

Option pour le barème progressif

Le contribuable peut opter pour l'imposition au barème progressif, mais cette option concerne l'ensemble des revenus et plus-values.

Il bénéficie alors de l'abattement pour durée de détention ainsi que de l'abattement majoré, (voir 2017) mais seulement pour les titres acquis avant le 1er janvier 2018.

Pour réduire les plus-values imposables, il est possible d'imputer le montant des moins-values mobilières en report des 10 dernières années.

Normalement, le montant des moins-values antérieures reportables figure sur le dernier avis d'imposition.

Quelles sont les conditions pour bénéficier de l'abattement majoré pour les plus-values réalisées avant 2018 ?

Trois conditions essentielles sont exigées :

1. La PME doit l'être au sens communautaire du terme c'est-à-dire : moins de 250 salariés, moins de 50 M€ de chiffre d'affaires et un bilan inférieur à 43 M€. Cette condition doit être remplie à la clôture de l'exercice précédant l'acquisition ou la souscription des titres (ou à défaut de l'exercice suivant), et non pas à la date de cession des titres.
2. La société doit avoir été créée moins de dix ans avant la cession des titres et ne pas résulter d'une restructuration de sociétés existantes.

3. La société doit exercer une activité industrielle, artisanale, commerciale, libérale ou agricole. Abattement majoré par rapport à l'abattement de droit commun :
   - 50 % pour une détention entre un an et moins de quatre ans ;
   - 65 % pour une durée de détention entre quatre ans et moins de huit ans ;
   - 85 % pour une durée de détention d'au moins huit ans.

La fonction doit avoir été réellement exercée et la rémunération doit avoir représenté au moins la moitié des revenus professionnels de l'intéressé.

⚠ *Pour 2019, modification du régime d'imposition des gains occasionnels des particuliers sur les cessions d'actifs numériques (crypto-monnaies, bitcoins, etc.). Depuis le 1er janvier 2019, ces gains sont soumis à un taux forfaitaire égal au taux du prélèvement forfaitaire unique (PFU) qui est de 12,8 % ou 30 % avec les prélèvements sociaux.*

Comment calculer les plus-values mobilières ?

La plus-value imposable est égale à la différence entre le prix de cession des titres et leur prix d'acquisition. Pour les ventes en Bourse, le prix de cession est égal au cours retenu pour l'exécution de la transaction.

Précision : le prix d'acquisition est égal au prix payé pour acquérir les titres, ou à la valeur retenue pour le calcul des droits de donation ou de succession, en cas d'acquisition gratuite des titres.

Quelle fiscalité pour les plus-values immobilières ?

La plus-value est la différence entre le prix de vente et le prix d'achat. Il doit s'agir d'une cession à titre onéreux (vente ou échange) et non gratuite. La vente doit porter sur un bien ou des droits immobiliers (par exemple : le logement ou une résidence secondaire) ou sur des titres de sociétés immobilières (SCI). La cession peut porter sur des immeubles bâtis ou non bâtis ou sur des terrains à bâtir, quelle que soit d'ailleurs la nature des biens cédés, usufruit ou nue-propriété par exemple. La vente ne doit pas faire l'objet d'une exonération ; la plus-value ne doit être ni nulle ni négative (moins-value). Une fois la plus-value calculée, reste à savoir quel est le montant de l'impôt à payer. L'imposition se décompose de la façon suivante :

- 19 % de taxation au titre de l'impôt sur le revenu ;
- 15,5 % de prélèvements sociaux (CSG, CRDS et prélèvement social).

Une surtaxe pour les plus-values supérieures à 50 000 €

Depuis le 1er janvier 2013, une surtaxe frappe les plus-values supérieures à 50 000 €. La surtaxe ne s'applique qu'à la vente de logements et non à la vente de terrains. Voici le barème de la surtaxe.

Montant de la plus-value	Montant de la taxe additionnelle
Entre 50 001 € et 60 000 €	2 % x PV - (60 000 - PV) x 1/20
Entre 60 001 € et 100 000 €	2 % x PV
Entre 100 001 € et 110 000 €	3 % x PV - (110 000 - PV) x 1/10
Entre 110 001 € et 150 000 €	3 % x PV
Entre 150 001 € et 160 000 €	4 % x PV - (160 000 - PV) x 15/100
Entre 160 001 € et 200 000 €	4 % x PV
Entre 200 001 € et 210 000 €	5 % x PV - (210 000 - PV) x 20/100
Entre 210 001 € et 250 000 €	5 % x PV
Entre 250 001 € et 260 000 €	6 % x PV - (260 000 - PV) x 25/100
Supérieur à 260 000 €	6 % x PV

Source : Direction générale des impôts

En résumé

Pour une plus-value nette de moins de 50 000 €, l'imposition totale ne changera pas par rapport à 2012. Elle sera de 34,5 %.

Entre 50 000 et 60 000 €, le taux va passer progressivement de 34,5 % à 36,5 % et restera à ce niveau jusqu'à 100 000 €.

De 100 000 à 150 000 €, le taux atteindra 37,5 % avec de la même façon une montée progressive (de 36,5 % à 37,5 %) entre 100 000 et 110 000 €.

Détermination de la plus-value

La plus-value brute est toujours égale à la différence entre le prix net de cession (prix diminué des frais engagés pour réaliser la vente) et le prix total d'acquisition (prix majoré des « frais de notaire ») majoré du coût des travaux de construction, d'agrandissement ou d'amélioration non déduits.

✎ *Au bout de 5 ans est admis un coût de travaux forfaitaire de 15 % du prix d'acquisition ; en revanche il n'y a pas de prise en compte de l'inflation.*

⚠ *La résidence principale est exclue de l'imposition des plus-values.*

Quel est le régime d'imposition des plus-values professionnelles ?

Le régime des plus-values professionnelles s'applique en principe aux cessions de biens réalisées par des entreprises. Cependant dans certains cas, il peut aussi concerner des cessions réalisées par des personnes physiques.

Cela sera le cas quand la personne physique exerce son activité professionnelle au sein d'une société de personnes commerciale dont elle est associée ; ses parts constituent alors des éléments de son actif professionnel.

Les plus-values sont imposables lors des opérations suivantes :

- cession à titre onéreux ;
- changement de régime fiscal de la société ;
- cessation d'activité de la personne ;
- transmission à titre gratuit.

Départ à la retraite du dirigeant : un dispositif d'exonération s'applique, dans le cas d'un départ à la retraite, aux cessions d'entreprises individuelles. Trois conditions sont exigées :

1. Le dirigeant doit prendre sa retraite dans l'année qui suit la cession.

2. Exercice de l'activité pendant au moins deux ans avant la cession.

3. Il ne doit pas contrôler l'entreprise acheteuse.

Si les conditions sont remplies, la totalité des plus-values à court et long terme est exonérée.

En ce qui concerne les sociétés imposées à l'impôt sur le revenu :

1. La plus-value à court terme (acquisition moins de 2 ans avant la vente) est ajoutée au résultat de l'entreprise. Sur demande, elle peut toutefois faire l'objet d'une répartition sur trois ans.

2. La plus-value nette à long terme (acquisition plus de 2 ans avant la vente) est taxée à un taux forfaitaire de 16 %, plus prélèvements sociaux.

Les plus-values immobilières à long terme réalisées dans le cadre d'une activité professionnelle sont soumises à un régime comparable à celui des plus-values immobilières des particuliers.

À retenir

- Il est possible d'imputer les moins-values sur les plus-values.
- Plus-values mobilières : la plus-value imposable est égale à la différence entre le prix de cession des titres et leur prix d'acquisition.
- Plus-values immobilières : la plus-value brute est toujours égale à la différence entre le prix net de cession et le prix total d'acquisition.
- La résidence principale est exclue de l'imposition des plus-values.
- Les plus-values professionnelles sont imposables lors des opérations suivantes : cession à titre onéreux, changement de régime fiscal de la société, cessation d'activité de la personne, transmission à titre gratuit.
- Les plus-values constatées peuvent bénéficier d'un sursis d'imposition.

Chapitre 3

Un point sur l'impôt sur la fortune immobilière (IFI)

Comment est calculé l'IFI ?

Au revoir l'ISF, bonjour l'IFI !

Le barème d'imposition de l'impôt sur la fortune immobilière en 2018 sera le même que celui de l'ISF en 2017. Cela signifie que pour payer un IFI en 2018, il faudra avoir un patrimoine immobilier imposable de plus de 1 300 000 € au 1er janvier de l'année 2018.

ISF 2018

Quand le patrimoine imposable dépasse les 1 300 000 €, le calcul du montant à payer chaque année se fait en fonction d'un barème progressif par tranche.

Fraction nette taxable	Taux de l'IFI
De 0000 à 800000 €	0 %
De 800000 à 1300000 €	0,50 %
De 1300000 à 2570000 €	0,70 %
De 2570000 à 5000000 €	1 %
De 5000000 à 10000000 €	1,25 %
Supérieur à 10000000 €	1,50 %

Pour minorer les effets de seuil, les contribuables qui auront un patrimoine imposable compris entre 1,3 et 1,4 million d'euros bénéficieront d'une réduction égale à 17500 €, soit 1,25 % de la valeur taxable du patrimoine.

⚠ *Ce plafonnement de l'IFI (additionné des impôts dus en France et à l'étranger au titre des revenus et produits de l'année précédente) a été fixé à 75 % du montant des revenus mondiaux nets de frais.*

Quels sont les biens taxables dans le cadre de l'IFI ?

L'assiette taxable au titre de l'impôt sur la fortune immobilière est calculée à partir de la valeur nette au 1er janvier de l'année de l'ensemble des biens et droits immobiliers appartenant aux personnes redevables de l'IFI ainsi qu'à leurs enfants mineurs lorsqu'elles ont l'administration légale de ces biens.

⚠ *Cela signifie que cela comprend également les parts, actions, FCP ou SICAV, SCPI, OPCI, à hauteur de la fraction de leur valeur représentative de biens ou droits immobiliers. Dans une assurance-vie, les placements Pierre feront également partie de cette assiette taxable.*

✎ *En cas de démembrement d'un bien, c'est l'usufruitier et non le nu-propriétaire qui est imposable à l'IFI sur la valeur en pleine propriété. La nue-propriété permet par voie de conséquence de pratiquer une exonération d'IFI.*

Quelles sont les modalités de réduction de l'IFI ?

Différence de taille : suppression réduction ISF/IFI (Impôt sur la Fortune Immobilière)

Depuis le 1er janvier 2018, l'investissement dans les PME ne donne plus lieu à une réduction de 50 % sur l'IFI... mais une déduction est encore possible jusqu'au 31 décembre 2017 selon les anciennes modalités.

Les dons

La réduction d'IFI est accordée en contrepartie de dons consentis à un ou plusieurs organismes d'intérêt général, principalement des fondations reconnues d'utilité publique. La réduction d'IFI est égale à 75 % des sommes données, avec un plafond de 50 000 €.

À noter en cas d'investissement PME, le plafond annuel redescend à 45 000 €.

Qu'entend-on par plafonnement des niches fiscales ?

Les niches fiscales, selon l'expression consacrée, concerne les dispositifs défiscalisants permettant aux contribuables de diminuer voire d'annuler l'impôt.

En 2017, l'ensemble des crédits et réductions d'impôt auxquels peut prétendre un contribuable est plafonné à 10 000 €. Ce plafonnement a nettement baissé (18 000 € plus 4 % de ses revenus imposables en 2012).

En cas d'investissement Outre-Mer ou dans des SOFICA, le plafonnement des niches fiscales est relevé à 18 000 €. Ce régime dérogatoire n'est toutefois pas cumulatif.

La plupart des niches sont incluses dans le périmètre des avantages fiscaux plafonnés à 10 000 € en 2017 : investissement au capital de PME non cotées en direct ou au travers de la souscription de parts de FIP et FCPI, acquisition de logements neufs destinés à la location sous conditions de loyers et de ressources locataires (nouveau dispositif Pinel), emploi de salariés à domicile et frais de garde de jeunes enfants.

Plafonnement 2020

Le plafonnement de base est de 10 000 €.

Ce plafond passe à 18 000 € pour investissement Outre-Mer (type Girardin par exemple) ou un investissement dans le cinéma (type SOFICA).

Comme indiqué ci-dessus cependant, ces plafonds ne sont pas cumulables Ils se superposent. L'administration fiscale vérifie que ces plafonds sont bien respectés en suivant un ordre précis. Elle commence par vérifier que le total des avantages fiscaux relevant du plafond de droit commun ne dépasse pas les 10 000 €. Elle rajoute le total des niches fiscales relevant du plafond à 18 000 €. La somme des deux ne peut excéder le plafond de 18 000 €.

À retenir

- Le barème de l'IFI est progressif à l'instar de l'impôt sur le revenu. Les taux d'imposition sont appliqués par tranche.
- Les personnes imposables doivent faire une déclaration spontanée avant le 15 juin de chaque année, accompagnée du paiement.
- Il existe les modalités de réduction de l'IFI à 75 % et 50 %.
- Le plafonnement des « niches fiscales » en 2020, au titre des dépenses défiscalisantes de 2015, devrait s'élever à 10 000 € sauf si investissement Outre-mer ou dans les Sofica où il est porté à 18 000 €.

Chapitre 4

Le point sur les prélèvements sociaux

Quels sont les éléments composant les prélèvements sociaux ?

Les prélèvements sociaux sont composés de quatre éléments :

- la contribution au remboursement de la dette sociale (CRDS) créée en 1995 par le gouvernement Juppé afin de résorber l'endettement de la Sécurité sociale ;
- la contribution sociale généralisée (CSG) instituée le 16 novembre 1990 par le gouvernement Rocard pour diversifier le financement de la protection sociale ;
- le prélèvement social pour financer les retraites ;
- le prélèvement RSA pour financer le revenu de solidarité active (RSA).

Quels sont les taux des prélèvements sociaux ?

Composition du taux des prélèvements sociaux :

- CRDS (contribution pour le remboursement de la dette sociale) : 0,5 %.
- CSG (contribution sociale généralisée) : la note s'alourdit : 9,2 % sur les revenus d'activité ou les revenus dits de remplacement (7,5 % avant le 1er janvier 2018).

- Le prélèvement social de 4,5 %, auquel s'ajoute un prélèvement additionnel au taux de 0,3 %, sur les revenus du capital.
- Le prélèvement de solidarité au taux de 2 % sur les revenus du patrimoine et de placement soumis à la CSG.
- Total : 17,2 % au lieu de 15,5 %.

Les contribuables sont assujettis à ces cotisations à partir du moment où ils sont domiciliés en France, peu importe qu'ils soient soumis à l'impôt sur le revenu, s'agissant des prélèvements sociaux sur les revenus du patrimoine et les produits de placement.

Quels sont les revenus concernés et les revenus exonérés ?

Les revenus concernés

Ce sont :

- les revenus d'activité (par exemple les salaires) ;
- les revenus de remplacement (par exemple les pensions de retraite) ;
- les revenus provenant du capital (par exemple les revenus de l'épargne) ;

Comme rien n'est simple en matière de fiscalité, certains revenus sont soumis à la CRDS mais pas à la CSG, comme les prestations familiales.

Le prélèvement social et le prélèvement RSA s'appliquent uniquement aux revenus du patrimoine et aux produits de placements.

Certains revenus sont exonérés

Ce sont :

- les revenus d'activité (par exemple les rémunérations versées aux apprentis) ;
- les revenus de remplacement (par exemple le RSA).

Avant 2018, le taux de la CSG sur les retraites était de 6,60 %. Depuis janvier 2018, il est de 8,30 %.

⚠ *Le revenu fiscal de référence et le nombre de parts fiscales déterminent les prélèvements sur la retraite.*

⚠ *Ces prélèvements s'appliquent même si on ne paie pas d'impôts sur le revenu. L'augmentation du taux de CSG n'est pas applicable si la retraite est soumise au taux réduit de CSG (3,8 %).*

De manière générale l'épargne réglementée de précaution n'est pas assujettie aux prélèvements sociaux : le livret A, LDD, LEP et Livret jeune sont donc des placements épargne nets d'impôt et de prélèvements sociaux.

La CSG est en partie déductible, mais il faut distinguer deux types de revenus :

Revenus d'activité et de remplacement

La CSG est déductible à hauteur de :

- 5,1 % pour les revenus d'activité (salaires, revenus non salariaux, etc.) ;
- 4,2 % pour les pensions de retraite et d'invalidité et les allocations de préretraite ;
- 3,8 % pour les autres revenus de remplacement.

Si CSG à 3,8 % sur la retraite, elle est entièrement déductible.

Revenus du capital

La CSG payée sur les revenus du capital (revenus fonciers, revenus mobiliers, etc.) est déductible à hauteur de 6,8 % dès lors que ces revenus ont été soumis au barème progressif et non à un prélèvement forfaitaire.

Qu'est-ce que la CSG et quel est son champ d'application ?

La contribution sociale généralisée (CSG) est une taxe créée pour financer la branche maladie et famille de la Sécurité sociale. Son appellation est ambiguë car il ne s'agit pas réellement de cotisation sociale, au sens du droit français, son paiement n'ouvrant pas droit à affiliation aux régimes sociaux ni à prestations sociales.

Champ d'application

La CSG recouvre un ensemble de contributions hétéroclites, assises sur les catégories de revenus divers : les revenus d'activité et de remplacement, ainsi que les revenus du patrimoine et les produits de placement.

La situation 2018

La CSG est calculée sur tous les éléments soumis à cotisations de Sécurité sociale... mais ce n'est pas tout :

1. les contributions patronales finançant les prestations de retraite supplémentaire et de prévoyance complémentaire, autres que celles versées aux régimes obligatoires de retraite complémentaire ;

2. les indemnités de mise à la retraite, de licenciement ou de départ volontaire dans le cadre d'un plan social, pour la partie qui excède les montants conventionnels ou légaux ;
3. les primes liées à la participation et à l'intéressement des salariés aux résultats de l'entreprise.

⚠ *La CSG est également due sur les revenus de remplacement :*

- *les pensions de retraite et d'invalidité ;*
- *les allocations de chômage et de préretraite.*

Pour le calcul de la CSG, dans sa grande largesse l'administration autorise un abattement pour frais professionnels de 1,75 %.

Ainsi la CSG est calculée sur 98,25 % des revenus. L'abattement est supprimé sur la part de rémunération au-delà de 4 fois le plafond de la Sécurité sociale.

Qu'est-ce que la CRDS ?

La contribution pour le remboursement de la dette sociale (CRDS) a été créée en 1996 dans le cadre de la réforme de la Sécurité sociale sur le modèle de la CSG.

La CRDS a été créée afin de doter la caisse d'amortissement de la dette sociale (CADES), structure créée pour gérer et apurer la dette sociale.

Son taux est de 0,50 %.

Elle s'applique à l'ensemble des revenus d'activité et de remplacement, des revenus du patrimoine et des placements ainsi que sur la vente de métaux précieux et aux gains de jeux de hasard. Cette contribution devait être supprimée après apurement de la dette, en l'occurrence cette taxe fait partie du provisoire qui dure...

À retenir

- Les prélèvements sociaux sont composés de quatre éléments :
  - la contribution au remboursement de la dette sociale ;
  - la contribution sociale généralisée ;
  - le prélèvement social pour financer les retraites ;
  - le prélèvement pour financer le revenu de solidarité active.
- Le montant total des prélèvements sociaux s'élève désormais à 17,2 % contre 15,5 % auparavant.

Chapitre 5

Les contrôles fiscaux

Quels sont les différents contrôles effectués par l'administration fiscale ?

Elle peut tout d'abord effectuer un « contrôle sur pièces », des déclarations et différents documents fournis par le contribuable.

En ce qui concerne l'impôt sur le revenu, le délai pendant lequel l'administration fiscale peut corriger les omissions, insuffisances ou erreurs qu'elle constate à l'occasion du contrôle des déclarations de revenus est de 3 ans. Exceptionnellement, pour les revenus perçus en 2018 (impôt 2019), ce droit de reprise s'achèvera à la fin de la 4e année. L'administration peut donc réclamer un surplus d'impôt aux contribuables jusqu'au 31 décembre 2022, au lieu du 31 décembre 2021. Cela provient des contrôles concernant les revenus exceptionnels perçus en 2018.

⚠ *En cas absence de déclaration ou d'acte présenté à l'enregistrement ou, plus souvent, nécessité pour le fisc de procéder à des recherches complémentaires, le délai du contrôle fiscal s'allonge puisqu'il expire le 31 décembre de la sixième année suivant celle du fait générateur. Ce fait correspond, par exemple, à la date du décès pour les droits de succession ou au 1er janvier de l'année d'imposition en matière d'impôt sur la fortune immobilière.*

Droit de communication

Elle a la possibilité de compléter les informations en sa possession par des demandes auprès de tiers. Le droit de communication est très étendu puisqu'il peut être exercé aussi bien auprès des entreprises privées que des organismes de Sécurité sociale ou des administrations publiques.

Elle peut également contrôler directement le contribuable lors de vérifications de comptabilité pour les entreprises ou d'examens contradictoires de l'ensemble de la situation fiscale pour les particuliers.

Quelles sont les différentes demandes de l'administration fiscale et comment doit-on y répondre ?

Les demandes de l'administration fiscale sont de trois types :

1. **Demande de renseignements**

La simple demande de renseignements n'est soumise à aucune forme spécifique. Elle a pour but de compléter les informations dont disposent les services des impôts. Aucun délai de réponse n'est imposé au contribuable, il n'est pas tenu d'y répondre.

⚠ *Pas de naïveté. Une absence de réponse tend à déclencher un contrôle plus poussé de l'administration.*

2. **Demande d'éclaircissements**

La demande porte sur des informations complémentaires afin de lever des insuffisances ou contradictions détectées dans les déclarations du contribuable. La demande d'éclaircissements ne peut porter que sur les éléments mentionnés dans la déclaration de revenus du contribuable.

Le délai de réponse dont dispose le contribuable ne peut être inférieur à deux mois. Et celui-ci peut solliciter, par écrit, un délai complémentaire.

Si la réponse du contribuable paraît insuffisante, l'administration peut formuler une seconde demande sur les points concernés. Dans ce cas, le délai de réponse ne peut être inférieur à un mois.

⚠ *« Faire le mort » ne sert à rien. Si l'administration n'obtient pas de réponse dans les délais légaux, elle a la faculté de déclencher une procédure de taxation d'office.*

3. **Demande de justifications**

L'administration peut demander, pour faire simple, au contribuable des justifications, c'est-à-dire des éléments de preuve sur tous les éléments servant de base au calcul du revenu.

Le délai de réponse dont dispose le contribuable ne peut être inférieur à deux mois. Et celui-ci peut solliciter, par écrit, un délai complémentaire.

Si la réponse du contribuable paraît insuffisante, l'administration peut formuler une seconde demande sur les points concernés. Dans ce cas, le délai de réponse ne peut être inférieur à un mois.

Quelles sont les sanctions fiscales ?

Il y a une gradation dans les sanctions fiscales qui sont encourues par le contribuable.

Premier degré

Les erreurs ou omissions sont supposées être commises de bonne foi. Dans cette hypothèse, les rappels d'impôts ne sont assortis que de l'intérêt de retard, augmenté éventuellement de majorations pour retard ou défaut de déclaration.

Deuxième degré

Lorsque l'administration considère que le contribuable a délibérément omis de déclarer un élément, elle peut sanctionner cette omission en appliquant une pénalité correspondant à 40 % des droits ainsi omis.

L'appréciation du caractère délibéré de l'omission est estimée en fonction du caractère répétitif des omissions et des connaissances que peut avoir le contribuable.

Troisième degré

Lorsqu'il est estimé que le contribuable a utilisé des manœuvres de nature à restreindre ou limiter le pouvoir de contrôle des services des impôts, celles-ci sont qualifiées de « manœuvres frauduleuses », ce qui entraîne une majoration de 80 % des impôts concernés.

⚠ *Il appartient à l'administration de démontrer la réalité du caractère délibéré des omissions ou l'existence de manœuvres frauduleuses, celles-ci ne peuvent être présumées.*

Quatrième degré

Le délit de fraude fiscale. Pour que ce délit existe, il faut qu'il y ait dissimulation d'impôt et que cette dissimulation soit intentionnelle.

Toute personne reconnue auteur d'une fraude fiscale peut être condamnée à 500 000 € d'amende et 5 ans d'emprisonnement.

Ces peines sont portées à 3 000 000 € d'amende et 7 ans d'emprisonnement lorsque les faits ont été commis en bande organisée.

Qu'est-ce que l'abus de droit ?

La procédure de répression des abus de droit est une procédure exceptionnelle que l'administration ne met en œuvre qu'à doses homéopathiques compte tenu de sa lourdeur. Elle permet à celle-ci de sanctionner les « artifices » de certains contribuables (doués) qui mettent en œuvre des opérations juridiques dans le seul et unique but de diminuer leurs impôts.

Cette procédure va avoir pour effet d'écarter certains actes juridiques réguliers en apparence et d'imposer le contribuable d'après la véritable situation fiscale.

⚠ *La notion d'abus de droit n'empêche pas le contribuable d'adopter la solution la moins onéreuse sur le plan fiscal quand il en a la possibilité.*

De ces principes, il découle que l'abus de droit existe dans deux situations :

1. Si le contrat, la convention ou la structure mise en œuvre sont en fait fictifs (une donation déguisée en vente, par exemple).
2. Quand le contrat élaboré ou la situation juridique mise en place n'ont pour raison exclusive que de réduire le montant de l'impôt quel qu'il soit.

✎ *Il n'y a pas abus de droit si, au-delà de l'aspect fiscal, le contribuable met en avant des motifs économiques, patrimoniaux ou familiaux justifiant le montage.*

Une procédure lourde

Le contribuable dispose de trente jours pour répondre à la notification motivée qui lui est adressée.

Une fois qu'il a reçu la réponse de l'administration à ses propres observations, le contribuable dispose de trente jours pour saisir le « Comité consultatif pour la répression des abus de droit ».

Cet organisme national comprend un conseiller-maître à la Cour des comptes, un conseiller d'État, un professeur d'université, un conseiller à la Cour de cassation, un notaire, un avocat et un expert-comptable nommés par le ministre chargé du Budget.

Le Comité peut également être saisi par l'administration, cette saisine suspend le recouvrement des impôts réclamés.

Une copie du rapport adressé par le fisc au Comité est transmise au contribuable. Celui-ci peut ajouter des réponses et observations dans les trente jours suivants.

L'avis rendu par le Comité est purement consultatif et n'engage ni l'administration, ni le contribuable. Cet avis est toutefois déterminant.

⚠ *En effet, en cas de poursuite du contentieux, le contribuable supporte la charge de la preuve si le Comité émet un avis conforme à la position du fisc. En d'autres termes, il devra prouver qu'il n'a pas commis d'abus de droit si le Comité et l'administration sont d'accord.*

Dans tous les autres cas, y compris si le Comité n'est pas saisi, c'est à l'administration d'apporter la preuve de l'abus de droit.

La sanction encourue par le contribuable est lourde : en plus des intérêts de retard, le contribuable devra payer une majoration de 80 % des impôts dus, comme en cas de fraude fiscale.

Qu'est-ce que le rescrit fiscal ?

Ce terme qui peut paraître ésotérique vise les cas où le contribuable ayant un doute sur la nature d'une opération pose une question écrite à l'administration fiscale, en apportant toutes les précisions nécessaires. La réponse de l'administration lui permettra, le cas échéant, de modifier l'opération envisagée pour éviter un redressement éventuel pour abus de droit.

⚠ *En l'absence de réponse dans les six mois, l'abus de droit ne pourra pas être invoqué en cas de contrôle ultérieur.*

À retenir

- Les types de demandes de l'administration fiscale: demande de renseignements, demande d'éclaircissements, demande de justifications.
- Une absence de réponse tend à déclencher un contrôle plus poussé de l'administration.
- Il appartient à l'administration de démontrer la réalité du caractère délibéré des omissions ou l'existence de manœuvres frauduleuses, celles-ci ne peuvent être présumées.
- La procédure de répression des abus de droit sanctionne les contribuables qui par des artifices réalisent des opérations juridiques uniquement pour échapper à l'impôt.
- La notion d'abus de droit n'empêche pas le contribuable d'adopter la solution la moins onéreuse sur le plan fiscal.

4e PARTIE

LA DIMENSION PRODUITS FINANCIERS ET BOURSE

Chapitre 1

Les produits financiers : leurs charmes et leurs inconvénients

Que recouvre le terme de produits financiers ?

Les actions

Les actions sont constituées de titres tels que les actions au sens strict ou des certificats d'investissement représentant une part du capital d'une entreprise.

Les produits de taux

Les produits de taux concernent tout d'abord les obligations et de manière générale tous les produits dont les revenus et la valorisation dépendent d'un taux et dont la valeur va évoluer en fonction de la courbe des taux.

Les produits de change

Le marché des changes popularisé à l'heure actuelle sous le terme de « Forex » est le lieu où s'échangent les devises au comptant ou à terme. La caractéristique de ce marché réside dans le fait que les cours des devises évoluent très rapidement, il s'agit donc d'un marché très spéculatif.

D'une manière plus générale, les produits financiers regroupent les différents placements effectués par les investisseurs soit en direct, soit sous la forme d'organismes de placement collectif en valeurs mobilières (SICAV et FCP).

Quelles sont les caractéristiques du livret A ?

À tout seigneur tout honneur, commençons par le livret A. Il fait partie de l'épargne réglementée. Jusqu'à 2008 sa distribution était assurée par les Caisses d'Épargne et la Banque postale. Depuis le 1er janvier 2009 toutes les banques peuvent le proposer à leur clientèle.

Le plafond du livret A a été relevé de 15300 € à 19125 € à compter du 1er octobre 2012 puis à 22950 € à compter du 1er janvier 2013 ; au-delà seuls les intérêts peuvent continuer à créditer le compte. Un seul livret est possible par personne. La disponibilité du livret est totale.

Le calcul du taux de rémunération tient compte à la fois de l'inflation et de la moyenne mensuelle de l'Euribor 3 mois (le taux est déterminé quatre fois dans l'année). Les intérêts sont calculés par quinzaine.

Le taux de rémunération du livret A est de 0,75 % à partir du 1er août 2015. Taux bloqué à 0,75 % jusqu'au 1er février 2020. Il existe à l'heure actuelle un taux plancher de 0,50 % quelle que soit l'évolution ultérieure des taux.

Les revenus du livret A sont exonérés d'impôt et de prélèvements sociaux.

Quelles sont les caractéristiques du livret de développement durable ?

Le livret de développement durable (anciennement CODEVI) est un compte d'épargne destiné à collecter des fonds afin d'assurer le financement des travaux d'économie d'énergie dans les bâtiments anciens. Il est aussi utilisé pour financer les petites et moyennes entreprises. Les sommes déposées sur un livret de développement durable sont disponibles à tout moment.

Le livret de développement durable est réservé aux contribuables, excluant de ce fait les mineurs et les majeurs rattachés à un foyer fiscal. Il est nécessaire d'avoir son domicile fiscal en France.

Sa détention est limitée à deux par foyer fiscal. Les versements minimums sont de 15 € depuis le 1er octobre 2012, le plafond des versements sur le LDD est de 12 000 €. Il était auparavant de 6 000 €. La rémunération du livret de développement durable est la même que celle du livret A. Il fait donc partie de ce que l'on appelle l'épargne réglementée.

Comme tous les produits d'épargne réglementée, le livret de développement durable est exonéré d'impôt. Les intérêts perçus ne sont soumis ni à l'impôt sur le revenu ni aux prélèvements sociaux.

Le taux de rémunération du livret de développement durable est de 0,75 % net depuis le 1er août 2015, date de la dernière réforme du LDD.

⚠ *Depuis la loi du 9 décembre 2016 dite « Sapin II », le livret de développement durable (LDD) est transformé en un livret de développement durable et solidaire (LDDS). Concrètement, les banques doivent offrir aux détenteurs d'un LDDS la possibilité d'affecter une partie des sommes qui y sont déposées sous forme de don soit à une entreprise de l'économie sociale et solidaire soit à un organisme de financement solidaire.*

Qu'est-ce que le super-livret ?

Le super-livret est le nom donné au livret épargne créé au départ par des banques en ligne et présent maintenant dans de nombreux établissements bancaires. Ce livret épargne n'est pas réglementé quant à son taux de rémunération comme peut l'être le livret A.

Avantages du super-livret

- Taux : conçu comme un produit d'appel, il offre des taux de rémunération supérieurs à la rémunération du livret A.
- Plafond : pendant que le livret A est plafonné maintenant à 22 950 €, le plafond du super-livret peut aller jusqu'à 3 millions d'euros.
- Gratuité : le super-livret ne génère aucuns frais.
- Flexibilité du capital : les dépôts et retraits sont libres d'où une énorme disponibilité.

Inconvénients du super-livret

Les livrets d'épargne sont soumis, par défaut, à un prélèvement forfaitaire unique de 30 %, qui est opéré à la source sur le montant des intérêts bruts versés. La Flat Tax se décompose en :

- 17,2 % de cotisations sociales (taux en vigueur depuis le 1er janvier 2018).
- 12,8 % au titre de l'impôt (taux en vigueur depuis le 1er janvier 2018).

Comme déjà indiqué, il est également possible, d'opter pour l'application du barème progressif, en remplacement de cette imposition à taux forfaitaire.

De nombreuses offres promotionnelles offrant un taux d'intérêt élevé, ne le proposent en général que durant quelques mois. De plus, les montants de placement sont limités, il convient de le vérifier établissement par établissement.

Certaines banques proposent un taux progressif qui peut être fonction de la durée du placement.

Le taux du super-livret est susceptible d'être modifié dans l'année.

Quels sont les caractéristiques et l'intérêt des fonds et SICAV monétaires ?

Les fonds communs de placement (FCP) et SICAV monétaires font partie des OPCVM (organismes de placement collectif en valeurs mobilières). Les fonds monétaires sont principalement investis sur des instruments financiers de court terme, dont le rendement dépend des taux monétaires (c'est-à-dire très faible actuellement). Disponibilité totale, il suffit de passer un ordre de rachat pour pouvoir récupérer l'argent placé. La valeur liquidative des fonds est calculée chaque jour.

⚠ *Le rendement actuel des SICAV monétaires est très faible, il est généralement inférieur à 1 %. Le seul avantage réside dans le caractère très peu risqué de ce placement.*

Règle fiscale

En matière fiscale, les plus-values sont soumises au régime des plus-values mobilières.

Comme les autres placements financiers, les plus values ou revenus des SICAV monétaires sont soumis au Prélèvement Fiscal Unique à 30 % (prélèvements sociaux inclus).

Qu'est-ce qu'un compte à terme ?

Le compte à terme est une façon de placer de l'argent à court terme en le bloquant pendant une période allant d'un mois à un an voire plus. Cet argent est prêté à une banque ou un organisme financier.

Les deux formes du compte à terme

À taux fixe : le taux du compte à terme est fixe, le rendement est fixé de façon contractuelle entre l'épargnant et son banquier.

À taux progressif : le taux de rémunération du capital placé est fonction de la durée du placement ; plus le capital est prêté longtemps, plus sa rémunération sera importante. Cette rémunération dépend du marché monétaire, elle est donc actuellement faible (règlement mensuel). Concrètement, un compte à terme à 2 ans bénéficiera d'un taux plus élevé qu'un compte à un an.

Les intérêts sont versés en une seule fois au moment où vous retirerez vos fonds pour les contrats inférieurs à l'année, soit trimestriellement ou semestriellement pour les contrats de plus d'un an. En cas de retrait anticipé de l'argent, la banque applique des pénalités sur les intérêts dus.

Quelle est la fiscalité des comptes à terme ?

Comme les autres placements financiers, les comptes à terme sont soumis au Prélèvement Fiscal Unique à 30 % (prélèvements sociaux inclus).

Quelles sont les caractéristiques du plan d'épargne logement ?

Le plan d'épargne logement (PEL) fait partie de l'épargne réglementée Il permet, à partir d'une durée d'épargne de 4 ans, d'obtenir un prêt épargne logement pour financer une résidence principale et de plus une prime sera alors versée par l'État.

Les chiffres essentiels du plan d'épargne logement :

- le versement minimal à l'ouverture d'un PEL est de 225 € ;
- il faut y verser obligatoirement un minimum de 540 € par an ;
- le total des versements ne doit pas dépasser 61 200 €.

Premier temps : la phase d'épargne comprise entre 4 et 10 ans

La durée minimale de souscription d'un plan épargne logement est de 4 ans. Après ces 4 ans, le PEL peut être prorogé, d'année en année, par un avenant au contrat, jusqu'à une durée maximale de 10 ans. Cette prorogation doit être demandée, au plus tard 6 mois après l'échéance.

Transformation d'un PEL en CEL

À signaler : il est possible de demander à transformer un plan épargne logement en compte épargne logement. Cette opération aura pour conséquence de recalculer les intérêts au taux du CEL en vigueur (généralement un taux plus faible que celui du PEL) et de générer des droits à prêts non plus PEL mais CEL. La transformation peut se faire sur un CEL existant ou sur un CEL ouvert à cet effet.

Pendant cette phase d'épargne, le PEL peut être clôturé sur demande de son souscripteur. Il peut également être résilié par la banque si le montant de versement minimal annuel n'a pas été respecté.

Conséquences de la fermeture éventuelle du PEL

Des situations différentes selon le nombre d'années :

- *si le PEL est clôturé au cours de ses 3 premières années, l'épargnant perd le droit à la prime d'État ainsi que la possibilité d'obtenir un prêt immobilier à taux privilégié ;*
- *si le PEL est clôturé entre son 3e et 4e anniversaire, l'épargnant perd le bénéfice du droit à un prêt privilégié et ne bénéficie que de 50 % des droits qui ont été acquis pour la prime d'État.*

Après 4 ans d'existence, l'épargnant peut à tout moment retirer son argent et clôturer le plan sans perdre les avantages du PEL à 2 conditions :

- souscrire un prêt immobilier ;
- conserver l'épargne pendant 1 an maximum sans souscrire de prêt immobilier.

Attention, à l'expiration de ce délai, un crédit immobilier doit être souscrit.

Une phase d'attente pendant 5 ans maximum

À compter de la date d'échéance contractuelle (soit entre 4 et 10 ans après l'ouverture du PEL), il n'est plus possible de faire des versements. Les droits à prêts ainsi que la prime éventuelle sont bloqués au niveau atteint à cette date d'échéance. Le plan est gelé pour une durée maximale de 5 ans et il continue à être rémunéré au taux fixé au contrat.

Les PEL ouverts à partir du 1er mars 2011 ont une durée de vie maximale de 15 ans. Au-delà des 5 ans, si les fonds ne sont pas sortis, le PEL se transforme automatiquement en compte sur livret. Les droits à prêts et à prime sont alors perdus.

Taux de rémunération du PEL

La rémunération fixée à la souscription du plan épargne logement reste ensuite en vigueur pour toute la durée de vie du produit. Mais ce taux varie en fonction de la date d'ouverture.

Entre le 1er août 2003 et le 31 janvier 2015, le taux du PEL était fixé à 2,5 %. Ce beau temps est révolu, depuis le 1er février 2015, il a été revu à la baisse et le PEL affiche désormais une rémunération de 2 %. Il passera à 1,5 % pour les plans ouverts à compter du 1er février 2016... baisse des taux oblige. Depuis le 1er août 2016 les plans ouverts offrent une rémunération de 1 %.

Réforme du PEL en 2018

À partir du 1er janvier 2018, les PEL souscrits ne donneront plus lieu au versement de la prime d'État lors de la réalisation d'un prêt épargne logement d'un montant minimum de 5 000 € visant à financer un achat immobilier ou des travaux. Cette prime d'un montant maximal de 1 525 € était versée au bénéficiaire du PEL ou du CEL.

Fiscalité

La Flat Tax de 30 % s'appliquera aux vieux PEL et nouveaux PEL

Les intérêts des PEL et CEL ouverts à partir du 1er janvier 2018, ou les PEL âgés de plus de 12 ans à cette date, seront soumis d'office à la Flat Tax de 30 %.

Deuxième temps : la phase de prêt

Le prêt épargne logement et la prime qui l'accompagne sont réservés au financement d'une opération concernant une résidence principale. Il n'est pas possible de financer par ce moyen l'achat d'une résidence secondaire sauf pour les PEL ouverts avant le 1er mars 2011.

Les droits à prêts

Le montant retenu pour les droits à prêts correspond au total des intérêts générés sur le PEL à la date d'échéance contractuelle ou à la date anniversaire précédente en cas de retrait avant cette échéance contractuelle. À noter que des droits peuvent aussi être obtenus par cession de droits (les droits sont cessibles à l'intérieur de la famille).

Prime d'épargne versée par l'État

Pour les PEL ouverts à compter du 1er mars 2011, elle est désormais dépendante de l'octroi d'un prêt épargne logement supérieur ou égal à 5 000 €.

L'obtention de la prime maximale de 1 525 € est réservée au financement de certaines opérations :

- soit d'un logement neuf bénéficiant du label « BBC 2005 » (bâtiment basse consommation énergétique) ;
- soit d'un logement ancien justifiant d'un classement A, B, C ou D sur l'échelle de référence du diagnostic de performance énergétique.

Si ces conditions ne sont pas remplies, la prime est plafonnée à 1 000 €.

Le montant de la prime dépend des droits à prêts obtenus et représente une majoration de 100 points de base du taux de rémunération du PEL.

☞ *Une bénéficiaire a obtenu des droits à prêts de 5 000 € sur un PEL au taux contractuel (fictif) de 3 %. La prime d'État, avant application des plafonds, sera calculée de la manière suivante :*

100 × 5 000 ÷ 300 = 1 666,66 €

Majoration de prime d'État

Une majoration de la prime peut être accordée, pour les opérations concernant son propre logement. Le plafond est de 153 € pour le financement d'un logement vert (même définition que pour la prime d'épargne) et de 100 € dans les autres cas.

Modalités fiscales :

Il faut distinguer la fiscalité en fonction de la date d'ouverture du plan.

Plans ouverts avant le 1er mars 2011

Les intérêts sont soumis aux prélèvements sociaux :

- soit à la fin du contrat ;
- soit au dixième anniversaire, puis à chaque date anniversaire.

Plans ouverts depuis le 1er mars 2011

Les intérêts sont soumis aux prélèvements sociaux chaque année au 31 décembre.

Prime d'épargne

La prime est soumise aux prélèvements sociaux, mais là encore tout dépend de la date d'ouverture : - lors du retrait des fonds pour les PEL ouverts jusqu'au 12 décembre 2002 - lors du déblocage du prêt (et donc de son versement) pour les PEL ouverts après cette date.

Impôt sur le revenu

Les intérêts des plans ouverts avant le 1er janvier 2018 sont exonérés pendant les douze premières années. Ils sont ensuite soumis au barème progressif et les plans ouverts à compter du 1er janvier 2018 sont soumis au prélèvement forfaitaire unique (PFU) dès la première année. La prime d'épargne est exonérée.

Quelles sont les caractéristiques du compte d'épargne logement ?

Le CEL ou compte d'épargne logement est un placement de type livret d'épargne. Il fait partie de l'épargne réglementée. Le taux de rémunération de ce livret est inférieur à celui d'un livret A, mais il permet d'obtenir des crédits à taux préférentiels pour le financement de son habitation, auquel s'additionne une prime versée par l'État.

Les chiffres du CEL

Montant minimal du versement à l'ouverture du livret : 300 €. Ce montant est aussi le solde minimal du compte.

Montant minimal de chaque versement ou retrait : 75 €.

Solde maximal du livret : 15 300 €. Ce solde peut être seulement dépassé par la capitalisation annuelle des intérêts.

Durée minimale de détention : il n'y a pas de durée minimale. Par contre, pour obtenir un crédit, il faut que le CEL ait plus de 18 mois.

Durée maximale de détention : il n'y a pas de durée maximale.

Rémunération du CEL

Le taux de rémunération est fixé à 0,50 % brut. Une prime d'épargne, nette d'impôt, est accordée par l'état lors de la réalisation du prêt issu du CEL. Le montant est de 50 % des intérêts acquis, dans la limite de 1 144 €. Les CEL ouverts à partir du 1er janvier 2018 ne permettent plus de bénéficier de la prime d'État.

L'avantage réside dans le fait qu'il permet d'obtenir des crédits à taux préférentiels pour le financement de son logement, auquel se rajoute une prime versée par l'État.

⚠ *Les intérêts et la prime sont exonérés d'impôt sur le revenu mais supportent les prélèvements sociaux. Les intérêts des CEL ouverts à partir de 2018 sont soumis, lors de leur paiement, à un prélèvement forfaitaire unique de 30 % correspondant à la « Flat tax ».*

Quels sont les autres produits d'épargne réglementée ?

On peut citer le Livret Épargne Populaire et le Livret Jeune :

- livret d'épargne populaire (LEP) : plafond de versement : 7 700 € et taux d'intérêt annuel de 1 % ;
- livret Jeune : plafond de versement : 1 600 € et le taux d'intérêt annuel est librement fixé par les banques, mais il doit être au moins égal 0,75 %.

Pour les LEP ouverts en 2017 : le revenu fiscal de référence doit être inférieur ou égal à 19 779 € pour la première part du quotient familial et 5 282 € pour chaque demi-part supplémentaire.

Ces livrets faisant partie de l'épargne réglementée, ils sont exonérés d'impôts et de prélèvements sociaux.

À retenir

- Les produits financiers regroupent les différents placements effectués par les investisseurs soit en direct, soit sous la forme d'organisme de placement collectif en valeurs mobilières (SICAV et FCP).
- Les revenus du livret A sont exonérés d'impôt et de prélèvements sociaux.
- De nombreuses offres promotionnelles pour les super-livrets proposent un taux d'intérêt élevé, mais en général seulement durant quelques mois. De plus, les montants de placement sont limités.
- Le plan d'épargne logement (PEL) fait partie de l'épargne réglementée. Il permet, à partir d'une durée d'épargne de 4 ans, d'obtenir un prêt épargne logement pour financer une résidence principale et de plus une prime sera alors versée par l'État, prime supprimée à partir des plans souscrits en 2018.
- Le CEL ou compte d'épargne logement est un placement de type livret d'épargne, il fait partie de l'épargne réglementée.
- L'avantage réside dans le fait qu'il permet d'obtenir des crédits à taux préférentiels pour le financement de son logement, auquel se rajoute une prime versée par l'État.

Chapitre 2

Pour plus de risques : connaître la Bourse et son fonctionnement

À quoi sert la Bourse ?

Les Bourses de valeurs ou marchés financiers sont des lieux où s'échangent des produits financiers de diverses natures, les plus connus étant les actions et les obligations. Il faut tout de suite signaler que la finance moderne a entraîné la création d'une multitude d'autres produits (options, warrants, trackers...).

La Bourse permet à la fois le financement des entreprises et celui des États (émission d'actions ou d'obligations), l'investissement à travers le placement des fonds des différentes catégories d'investisseurs.

Conséquence

Le marché boursier est divisé en deux sous-marchés qui sont respectivement le marché primaire et le marché secondaire.

Le rôle du marché primaire est de permettre la rencontre des entreprises ayant besoin de financement et des possesseurs de capitaux.

Le rôle du marché secondaire est de permettre aux différents intervenants d'échanger les différents produits financiers.

C'est au marché secondaire que l'on pense quand on parle de la Bourse et des échanges quotidiens de valeurs.

La Bourse joue un rôle essentiel dans l'économie de marché : les entreprises trouvent une partie des capitaux nécessaires à leur développement, l'État quant à lui finance le déséquilibre des comptes publics par la dette.

À la différence des marchés de gré à gré sur lesquels les transactions s'effectuent par accord bilatéral entre un acheteur et un vendeur, la Bourse est ce que l'on appelle un marché réglementé qui assure (normalement) la liquidité des transactions, l'égalité de traitement entre les acteurs et la sécurité des différents intervenants.

Quelle est l'organisation de la Bourse de Paris ?

Ce que l'on appelle la Bourse de Paris s'appelle en réalité NYSE Euronext Paris depuis la fusion avec les Bourses de Bruxelles, Amsterdam, New York. Son rôle concerne le fonctionnement et le développement de la cotation des différentes valeurs mobilières.

Cette cotation est la rencontre de l'offre et de la demande ; de cette rencontre naît le prix d'équilibre qui constitue le cours. La cotation s'effectue en continue de 9 h 00 à 17 h 30 sur NYSE Euronext Paris.

Ce sont les entreprises d'investissement et les établissements de crédit qui procèdent à la négociation des différentes valeurs mobilières (exécution sur le marché des ordres reçus de leurs clients) et effectuent, via la chambre de compensation LCH. Clearnet la compensation des opérations (livraison des titres aux acheteurs, paiement de vendeurs dans le délai de trois jours suivant celui de l'opération). Ces intermédiaires agréés peuvent assurer la conservation des titres de leurs clients et fournir des services et conseils pour les opérations à effectuer. Ayant seuls l'accès direct au marché, ils recueillent les ordres passés auprès d'autres intermédiaires collecteurs d'ordres (banques, établissements financiers divers).

Les commissions prélevées par ces apporteurs d'ordres s'ajoutent à celle de l'intermédiaire agréé.

Comment fonctionne le marché réglementé ?

Eurolist

Le nom « Eurolist » a été, à compter du 1er janvier 2008, changé pour « Euronext ».

Depuis février 2005, toutes les entreprises des premiers, seconds et nouveaux marchés sont ainsi regroupées dans un seul marché et dans trois nouveaux compartiments. Les sociétés cotées sont désormais classées par ordre alphabétique et sont identifiables grâce à un critère de capitalisation qui permet de distinguer :

- le compartiment A pour les capitalisations supérieures à 1 milliard d'euros ;
- le compartiment B pour les capitalisations comprises entre 150 millions et 1 milliard d'euros ;
- le compartiment C pour les capitalisations inférieures à 150 millions d'euros.

Une entreprise prétendant à être cotée sur ce compartiment doit pour cela répondre à certains critères, tels que :

- la mise à disposition d'au moins 25 % de son capital social au marché ;
- la présentation de comptes audités et certifiés sur les trois dernières années.

L'entreprise doit aussi s'engager à communiquer l'information sur son activité et sa situation et la rendre publique dès lors que ces informations peuvent être susceptibles d'agir sur le cours de l'action. La publication de comptes annuels, de résultats tous les 6 mois et de chiffres d'affaires tous les 3 mois est aussi une obligation faite par l'AMF.

Comment fonctionne le service à règlement différé ?

Euronext a mis en place le service à règlement différé (SRD) remplaçant l'ancien règlement mensuel que les vieux boursiers connaissaient bien ; il permet aux investisseurs, moyennant une commission perçue et librement fixée par les intermédiaires, contrairement au règlement mensuel qui était gratuit, la possibilité de différer les opérations de règlement-livraison à la fin du mois boursier, ce que l'on appelle dans le jargon la « liquidation ».

Pour un investisseur français, ces opérations ne peuvent se faire que sur des comptes titres ordinaires et ne sont pas autorisées dans le cadre d'un PEA (plan d'épargne en actions).

Le service à règlement différé n'est donc pas un type d'ordre, mais un service proposé par les intermédiaires financiers à ce que l'on peut appeler les traders et qui leur permet de réaliser des opérations à découvert avec effet de levier, lorsqu'un acheteur anticipe une hausse des cours, ou un vendeur une baisse.

En effet, la réglementation boursière permet de ne verser qu'un dépôt de garantie. Calculé en pourcentage des positions prises, le montant de cette couverture est fixé ainsi : 20 % en espèces, bons du Trésor ou OPCVM monétaires ; 25 % en obligations cotées, titres de créances négociables ou OPCVM obligataires ; 40 % en actions cotées ou OPCVM actions.

La mention « SRD » peut accompagner tous types d'ordres de Bourse portant sur une valeur inscrite dans la liste des valeurs éligibles établie chaque année par Euronext Paris. Ce service ne concerne pas toutes les valeurs.

La liquidation débute 5 jours de Bourse avant la dernière séance de Bourse du mois calendaire (mois « boursier »), mais avant toute opération avec SRD, l'intermédiaire doit se garantir sur la solvabilité de ses clients investisseurs.

Jusqu'au dernier jour de la liquidation, les investisseurs peuvent en cas de nécessité demander à leur intermédiaire (en l'échange d'un complément au dépôt de garantie) la prorogation de leur position d'une liquidation à celle du mois suivant, c'est-à-dire le report d'une liquidation vers la suivante des opérations de règlement-livraison.

Quelles sont les caractéristiques du marché Alternext ?

Alternext est une plate-forme de transactions organisée créée le 17 mai 2005 par Euronext pour répondre aux besoins des petites et moyennes entreprises de la zone Euro. Contrairement à Euronext, ce marché est régulé mais non réglementé au sens de la directive européenne sur les services en investissement. Alternext permet aux PME de lever des capitaux dans la zone Euro sans avoir à remplir les contraintes des marchés réglementés.

Un minimum de capital flottant

L'entreprise qui souhaite s'introduire sur Alternext est contrainte de placer sur le marché au moins 2,5 millions d'euros de titres. C'est moins que sur Eurolist (15 millions d'euros en moyenne).

Conditions d'ancienneté

Toute société candidate à une introduction sur Alternext doit présenter un historique des comptes sur deux années. À titre de comparaison, pour entrer sur Eurolist, il faut présenter trois années d'historique.

Nécessité d'un accompagnateur : le « listing sponsor »

Ce spécialiste financier accompagne la société lors de son processus d'introduction. Il a deux fonctions majeures. Dans un premier temps, il conseille le candidat et l'aide dans ses démarches lors de l'IPO (Initial Public Offering). Puis, dans les premières années qui suivent le début de la cotation (au moins deux ans), il a pour mission d'accompagner la société dans sa vie boursière.

Le prospectus d'introduction doit être visé par l'AMF

Afin de rassurer les investisseurs et conformément à la loi sur l'APE (appel public à l'épargne), le processus d'introduction sur Alternext a conservé certaines bases de la réglementation imposée sur Eurolist. Ainsi, la société candidate à une introduction sur ce marché doit soumettre à l'Autorité des marchés financiers un prospectus qui décrit la situation juridique et comptable de la société qui souhaite faire appel à l'épargne du public. Le document détaille également l'activité de la société. Ce prospectus doit recevoir l'aval de l'AMF. Sans ce visa, l'introduction en Bourse de la société n'est pas permise. Seule exception : l'admission directe sans offre au public. Suite à un placement privé, une entreprise peut en effet procéder à un accès direct sur Alternext. La condition est que dans les deux ans précédant son introduction, elle ait ouvert son capital (au moins 5 millions d'euros) à un minimum de cinq investisseurs. La société doit malgré tout publier un document d'information mais celui-ci n'est pas visé par le régulateur. Il est sous l'entière responsabilité de la société et du « listing sponsor ».

Des informations obligatoires sur les comptes

Une entreprise présente sur Alternext n'est pas contrainte à une publication trimestrielle de ses comptes. L'entreprise est dans l'obligation de présenter des comptes annuels certifiés et des comptes semestriels mais pas des comptes trimestriels comme pour les sociétés cotées sur Eurolist.

Qu'est-ce que le marché libre ?

Marché boursier non réglementé et peu contrôlé par Euronext Paris, le marché libre a remplacé à la Bourse de Paris, le marché « hors cote ».

Le marché libre accueille des entreprises encore trop jeunes ou trop petites pour accéder à l'un des compartiments réglementés de NYSE Euronext.

Nécessitant des formalités d'accès et des frais allégés, le marché libre bénéficie du même système de négociation que les compartiments réglementés de NYSE Euronext, mais les opérations de règlement-livraison ne bénéficient pas de la garantie de la chambre de compensation centralisée d'Euronext.

L'admission à la cote sur le marché libre est faite sous la responsabilité d'un intermédiaire et elle ne peut provenir que de la demande d'un détenteur de titres (et non pas de la société elle-même).

Les négociations sur ce marché sont assez risquées pour les investisseurs.

Les informations rendues publiques par les sociétés qui y sont cotées sont en effet succinctes (« prospectus » si la levée de fonds est supérieure à 40 000 €, statuts et comptes des deux dernières années si l'ancienneté le permet, pas de publication des comptes) et ces informations ne sont pas contrôlées par les autorités de tutelle, à savoir l'AMF pour ce qui concerne la France.

Qu'est-ce que l'AMF et quelles sont ses attributions ?

L'AMF ou Autorité des marchés financiers est un organisme public indépendant, doté de la personnalité morale et disposant d'une autonomie financière, qui a pour missions de veiller :

- à la protection de l'épargne investie dans les instruments financiers et tout autre placement donnant lieu à appel public à l'épargne ;
- à l'information des investisseurs ;
- au bon fonctionnement des marchés d'instruments financiers.

Le collège de l'AMF est composé de 16 membres désignés par des autorités publiques (ministère de l'Économie, Conseil d'État, Cour des comptes, etc.) pour 5 ans, la moitié de ce collège étant renouvelé tous les 30 mois et son président étant nommé par décret du Président de la République.

Ses principales attributions

- L'adoption du règlement général de l'AMF qui définit notamment les règles régissant les offres publiques d'achat (OPA) et les offres publiques d'échange (OPE).
- Le contrôle de la régularité des opérations effectuées sur les marchés réglementés (avis de conformité et visas sur les notes d'information requises des sociétés cotées).
- L'agrément des intermédiaires et sociétés de gestion de portefeuilles, y compris les sociétés de gestion des OPCVM (organismes de placement collectif en valeurs mobilières) dont l'AMF contrôle la réglementation et approuve les programmes d'activité.
- L'initiation des procédures de sanction.
- La commission des sanctions de l'AMF comprend 12 membres et elle est totalement distincte du collège. « Gendarme de la Bourse », elle peut directement sanctionner des opérateurs ou transmettre des rapports de contrôle et d'enquête au procureur de la République.

À retenir

- La Bourse permet à la fois le financement des entreprises et celui des États (émission d'actions ou d'obligations), l'investissement à travers le placement des fonds des différentes catégories d'investisseurs.
- La Bourse est ce que l'on appelle un marché réglementé qui assure (normalement) la liquidité des transactions, l'égalité de traitement entre les acteurs et la sécurité des différents intervenants.
- Le service à règlement différé (SRD) permet aux investisseurs, moyennant une commission perçue et librement fixée par les intermédiaires, la possibilité de différer les opérations de règlement-livraison à la fin du mois boursier.
- Le marché Alternext a été créé pour répondre aux besoins des petites et moyennes entreprises de la zone Euro ; les règles sont plus souples que sur le marché Eurolist.
- Présentation d'informations obligatoire sur les comptes.
- Le marché libre non réglementé est plus risqué pour les investisseurs.
- L'AMF ou Autorité des marchés financiers est un organisme public indépendant qui est le « gendarme » du marché.

Chapitre 3

Les produits financiers à risques limités

Quelles sont les caractéristiques d'un investissement en obligations ?

Petite définition

Une obligation est un titre de créance qui représente une part d'un emprunt émis par une entreprise, l'État ou une collectivité publique. À la différence des actions, une obligation n'est pas un titre de propriété mais un titre de créance. Afin de rémunérer l'argent prêté, le porteur de l'obligation reçoit un intérêt, appelé « coupon », l'emprunt, lui, doit lui être remboursé à l'échéance.

Les deux grands types d'obligation

- Les obligations à taux fixe, dont la rémunération (montant du coupon) est connue dès la souscription, elle ne change pas pendant la durée de vie de l'obligation.
- Les obligations à taux variable, dont le montant du coupon varie selon l'évolution des taux du marché.

Les obligations correspondent la plupart du temps à un investissement à moyen ou long terme. En effet, la durée de vie des obligations est en général entre 3 et 10 ans. Elles peuvent être souscrites au moment du lancement de l'émission obligataire, l'acquisition se fait alors sur le marché primaire. Ensuite, elles peuvent être cotées en Bourse. Elles sont donc échangeables et les obligations peuvent être revendues avant leur échéance ou achetées pendant leur durée de vie.

Quels sont les risques présentés par les obligations ?

Les trois risques

Premier risque : le risque de taux

Les obligations sont des titres financiers sensibles aux variations des taux d'intérêt. La valeur d'une obligation à taux fixe évolue en sens inverse des taux d'intérêt, ce qui veut dire qu'en cas de hausse des taux, le prix des obligations à taux fixe baisse. L'explication est la suivante : les obligations anciennes versent dans ce cas un intérêt moins élevé par rapport aux nouvelles obligations émises pour la même durée, elles sont moins intéressantes et ne trouvent des acheteurs sur le marché qu'à condition que leur prix baisse.

À l'inverse, lorsque les taux d'intérêt baissent, la valeur des obligations anciennement émises augmente car elles présentent une rémunération plus intéressante que les nouvelles et peuvent ainsi être revendues au-dessus de la valeur faciale.

Cette sensibilité aux évolutions de taux est d'autant plus grande que la durée de vie restante de l'obligation est longue.

Deuxième risque : le risque de liquidité

La valeur d'une obligation en Bourse varie en fonction de l'offre et de la demande. Le marché obligataire est un marché sur lequel la liquidité est plus faible que sur celui des actions. Cela veut dire que le volume des échanges est plus faible. L'investisseur qui désire revendre son obligation avant l'échéance, peut rencontrer des difficultés à trouver un acheteur désireux de racheter son obligation.

Troisième risque : le risque de défaut

Le remboursement de l'obligation dépend de la capacité de l'émetteur à faire face à ses engagements. Le risque de défaut est le risque lié à la solvabilité de l'émetteur qui a émis les obligations. Il était normalement très faible dans le cas des obligations émises par les principaux États... ce qui est peut-être en train de changer.

Le risque de défaut est suivi, notamment, par ce que l'on appelle des agences de notation qui évaluent la solidité financière des émetteurs et les classent selon leur niveau de risque (par exemple, AAA ou Aaa, selon les agences, représente la meilleure note, C ou D la moins bonne).

Conséquences

Les obligations émises par des entreprises ou des États présentant des difficultés à rembourser leurs dettes sont plus risquées et en contrepartie offrent un rendement supérieur pour rémunérer le risque.

Qu'est-ce qu'une obligation convertible ?

Un titre hybride

L'obligation convertible est une obligation classique qui peut être remboursée par la remise d'une action créée par la société émettrice au moment de cet échange. Elle a à la fois une nature obligataire et peut devenir une action.

La nature obligation

Le souscripteur d'une obligation convertible est dans la même situation qu'un porteur « lambda » d'obligations : il est créancier de la société émettrice, en conséquence il bénéficie du remboursement de ce qu'il a prêté avec éventuellement une prime de remboursement par rapport au nominal. Il a droit aussi bien entendu au versement du coupon régulier fixé lors de l'émission. Comme pour tout porteur d'obligations, le risque porte sur la faillite éventuelle de l'émetteur.

La nature action

L'obligation convertible a la caractéristique d'être échangeable contre une ou plusieurs actions selon la parité retenue lors du contrat d'émission.

Conséquences : le souscripteur bénéficiera de la hausse de l'action au moment de la conversion ; l'obligataire aura ainsi réalisé une plus-value équivalente... à celle de l'actionnaire sans avoir pris les mêmes risques puisqu'en tout état de cause, si l'action baisse il se fera rembourser le montant prêté.

Quelles sont les particularités des fonds garantis ?

Les fonds garantis offrent la certitude de récupérer tout ou partie de son capital initial, quelle que soit l'évolution de la valeur liquidative du fonds. Ils permettent également à l'investisseur de bénéficier de la performance d'un indice de référence (un indice actions le plus souvent), performance calculée à partir d'une formule mathématique. C'est pourquoi, ces fonds sont également appelés fonds à formule.

Les différents types de fonds garantis

On distingue deux types de fonds garantis

Le fonds garanti standard, dont le but premier est d'offrir à l'investisseur la certitude de récupérer tout ou partie de son capital, tout en profitant des performances d'un indice de référence.

☞ *Un fonds présente à l'échéance de 8 ans la garantie suivante : 100 % du capital investi au départ et 80 % de la progression du CAC 40 sur la même période.*

Le fonds dit à « effet cliquet » permet, à échéances déterminées (les dates du cliquet), de capter tout ou partie de la performance d'un indice ou de la performance réalisée par le fonds à cette même date. Chaque date « cliquet » fixe une nouvelle valorisation qui servira de base de calcul pour le « cliquet » suivant.

☞ *Un fonds garantit, à l'échéance de 5 ans, 100 % du capital investi au départ et 100 % de la plus élevée des valeurs liquidatives calculées à chaque fin d'année (la date cliquet). Dans le cas d'une part émise à 50 €, on constate l'évolution suivante :*

N1	N2	N3	N4	N5
55	52	58	60	54

À l'échéance des 5 années, l'investisseur sera remboursé sur la base du « 4ᵉ cliquet », correspondant à la période de meilleure performance, soit 60 €.

Quels sont les avantages et les inconvénients des fonds garantis ?

Avantages

Certains fonds garantis assurent plus que le capital initial. Ils garantissent une performance minimale annuelle.

Le capital est en grande partie protégé contre les aléas qui affectent les titres.

Il permet de bénéficier d'une partie de la performance (positive) réalisée par le fonds.

De fait, cette formule d'investissement présente un intérêt pour un placement à moyen terme.

Inconvénients

La garantie implique l'immobilisation du capital sur une certaine durée. Elle se paye par des bénéfices limités en cas de croissance des marchés. En effet, le gestionnaire investit le fonds au fur et à mesure sur le marché monétaire ou le marché obligataire. Une part notable de l'épargne est donc investie sur des marchés peu rémunérateurs.

Si l'investisseur souhaite racheter ses parts avant l'échéance prévue, la garantie ne s'applique pas et des frais supplémentaires lui sont en général réclamés.

La période de souscription de ces fonds est limitée et les droits d'entrée sont majorés en dehors de cette période. Ceux-ci étant en tout état de cause élevés sur ce type de produit.

À retenir

- Une obligation est un titre de créance qui représente une part d'un emprunt émis par une entreprise.
- Deux grands types d'obligation : les obligations à taux fixe et les obligations à taux variable.
- Trois risques : le risque de taux, le risque de liquidité, le risque de défaut de l'émetteur.
- L'obligation convertible, produit hybride : mi-action et mi-obligation
- Les fonds garantis offrent la certitude de récupérer tout ou partie de son capital initial, quelle que soit l'évolution de la valeur liquidative du fonds.
- La période de souscription de ces fonds est limitée et les droits d'entrée sont majorés en dehors de cette période.

Chapitre 4

Encore plus de risques… à court terme : les actions

Quelles sont les principales caractéristiques d'une action ?

L'action représente une fraction du capital social d'une entreprise (par exemple : une société anonyme, une société par action simplifiée). L'action présente les caractéristiques d'être à la fois un titre de propriété et d'être négociable.

L'ensemble des actionnaires bénéficie d'un certain nombre de droits attachés à la propriété des actions. L'actionnaire a notamment un droit au bénéfice en fonction de sa participation ; il a également un droit de vote aux assemblées générales. Les revenus des actionnaires sont des dividendes qui représentent la part du bénéfice de la société qui est distribuée à chaque actionnaire ; à cet égard, il représente la rémunération des actionnaires. Le montant du dividende est déterminé par l'assemblée générale.

Il existe deux types d'actions : les actions ordinaires titulaires des droits évoqués plus haut, et les actions de préférence qui peuvent être créées dans les sociétés anonymes ou les sociétés par action simplifiée. On appelle ces titres actions de préférence parce qu'elles donnent au porteur un certain nombre d'avantages qui peuvent être des avantages monétaires : à savoir un dividende prioritaire. La préférence peut également porter sur des droits non monétaires comme un droit d'informations renforcé.

Quels sont les différents types d'ordre en Bourse ?

Il existe plusieurs façons de passer ses ordres. Il est important de bien les comprendre car chaque type d'ordre a sa particularité et correspond à une stratégie.

Ordre « à cours limité »

Avec cet ordre, les achats sont effectués à un prix maximal et les ventes à un prix minimal.

☞ *Pour un ordre de vente sur la société Durand à cours limité à 100 € : dans ce cas, vente certaine de l'action dès cours de 100 €. Mais l'ordre ne sera pas exécuté que si l'action cote moins de 100 €. Dans le cas de l'achat : ordre d'achat à cours limité à 80 €, l'ordre ne sera pas exécuté au-delà de 80 €.*

Cet ordre permet de cerner son prix d'achat et son prix de vente.

Ordre « au prix du marché »

L'ordre au « prix du marché » correspond à un ordre au cours coté actuel. Dès son arrivée sur le marché, il se transforme en ordre « à cours limité » (cours = cours de la première confrontation).

Ordre « à tout prix »

L'ordre « à tout prix » consiste à acheter ou vendre une action à n'importe quel prix. On est ainsi certain de réaliser son opération : cet ordre est prioritaire sur les autres ordres.

⚠ *En cas de turbulences du marché, on ne maîtrise ni le prix de vente ni le prix d'achat.*

Ordre « tout ou rien »

Cet ordre ne peut être fractionné (on vend la totalité de ses titres ou rien du tout) et peut être assorti d'une limite de prix. On peut ainsi donner un ordre de vente tout ou rien d'une ligne entière de titres à 55 € par exemple.

⚠ *L'ordre n'est pas toujours facile à exécuter.*

Ordre « stop à seuil de déclenchement »

Ce type d'ordre, appelé aussi ordre « stop », permet de profiter ou de se protéger contre un retournement de tendance. Pour cela, il suffit de fixer un seuil à partir duquel on souhaite acheter ou vendre des titres.

☞ *L'action Durand vaut 23 €. L'actionnaire qui pense qu'une baisse pourrait survenir souhaite se protéger, il peut passer un ordre de vente dit « stop » à 21 €. Si l'action vient toucher ce seuil, son ordre de vente sera pris en compte et exécuté à n'importe quel prix.*

Ordre « stop à plage de déclenchement »

Ce type d'ordre est plus technique. L'investisseur fixe deux bornes entre lesquelles il est prêt à vendre ses actions ou à acheter.

☞ *Dans le cas des actions Durand, l'investisseur anticipe un possible repli de l'action durant une période d'absence. Il peut passer un ordre à plage de déclenchement à 20-21 €. L'ordre de vente sera actif dès que l'action passera le seuil des 21 €, mais sera désactivé au-dessous de 20 €. L'actionnaire maîtrise son prix de vente.*

✎ *La durée de validité des ordres doit être précisée.*

L'ordre jour

Il est exécutable seulement dans la journée.

L'ordre à date déterminée

Le donneur d'ordres choisit la date limite de validité de son ordre.

L'ordre à révocation

Il est valable jusqu'à la séance de la liquidation générale.

✎ *Pour information, il peut exister des ordres plus complexes tel que l'ordre alternatif ou l'ordre séquentiel. Ces ordres correspondent à diverses stratégies… à laisser aux boursiers avertis.*

Quels sont les principaux indices boursiers ?

Les indices boursiers sont fondés sur la sélection de certaines valeurs boursières en fonction de leur poids et donc de leur représentativité.

L'indice boursier permet d'apprécier la tendance générale de l'évolution du marché.

Les différentes méthodes de calcul des indices : indice simple ou indice pondéré

Certains indices boursiers sont calculés à partir de moyennes arithmétiques simples (somme des cours divisée par le nombre d'actions). L'indice pondéré est calculé en tenant compte du poids relatif dans la capitalisation boursière totale de chaque titre en faisant partie.

Le CAC 40

Le CAC 40 est un indice composé de quarante valeurs du SRD (service à règlement différé), représentatives des différents secteurs d'activité. L'indice reflète donc l'évolution des grandes valeurs. Le CAC est mis à jour toutes les 30 secondes pendant la journée. Il permet aux différents intervenants de mesurer en continu l'évolution du marché.

L'indice SBF 120

Cet indice boursier, comme son nom l'indique, résulte de l'évolution des cours de 120 entreprises cotées sur le marché officiel.

L'échantillon pris comme base de calcul est donc beaucoup plus large que le CAC 40.

CAC All-Tradable

Début 2011, l'indice CAC All-Tradable a remplacé l'indice SBF 250 qui réunissait les 250 premières valeurs de la cote parisienne. L'indice Cac All - Tradable regroupe toutes les valeurs dont au moins 20 % du capital flottant change de main chaque année. Il regroupe aujourd'hui plus de 300 valeurs.

Il existe des indices boursiers pour tous les goûts, en voici quelques exemples : Le CAC IT a remplacé en 2005 l'IT CAC qui avait été créé en 2000 avec une base de 1 000 points. Il signifie « Indice Technologique ». Toutes les valeurs du secteur technologique (télécom, électronique, informatique etc.) appartenant au CAC All-Tradable peuvent y figurer, sans limite de place.

Le CAC IT 20 a remplacé en 2005 l'IT CAC 50 qui avait été créé en 2000 avec une base de 1 000 points. Il représente 20 valeurs du secteur technologique qui ont une capitalisation et une liquidité suffisante, mais qui n'appartiennent pas au CAC40…

Le CAC all Shares est composé de toutes les valeurs cotées sur Euronext Paris ayant plus de 5 % de rotation annuelle du capital.

Les indices boursiers internationaux

- DAX 30 (Allemagne).
- DOW JONES (États-Unis).
- FTSE 100 (Grande-Bretagne).
- NIKKEI 225 (Japon).
- NASDAQ (États-Unis valeurs technologiques essentiellement).
- EURO STOXX 50 est un indice boursier au niveau de la zone euro. L'EURO STOXX 50 regroupe 50 sociétés selon leur capitalisation boursière au sein de la zone euro.
- FTSE KLD 400 Social Index (ex-Domini Social Index 400), indice boursier spécialisé sur les entreprises engagées dans le développement durable.

✎ *Créé par Euronext en 2005, Alternext All-Share est l'indice des petites et moyennes entreprises de croissance de la zone euro. Il regroupe aujourd'hui plus de 150 valeurs.*

Qu'est-ce qu'un PEA et quelles sont ses caractéristiques ?

Le PEA permet de gérer un portefeuille d'actions en franchise d'impôt sur le revenu à condition de n'effectuer aucun retrait pendant 5 ans.

Deux types de PEA existent :

- PEA classique ;
- PEA PME destiné à financer les PME.

Institué en 1992, le plan d'épargne en actions peut être ouvert à toutes personnes domiciliées fiscalement en France. La date d'ouverture du plan est censée être celle du premier versement. Les versements se font uniquement en espèces.

Le plafond des versements est :

- de 150 000 € pour un PEA classique ;
- de 75 000 € pour un PEA PME.

✎ *Le plafond de 150 000 € ou 75 000 € concerne les versements ; compte tenu des plus-values, le plan d'épargne en actions peut dépasser ce montant.*

✎ *PEA classique et PME-ETI sont cumulables. Ainsi, si vous ouvrez un PEA classique et un PEA PME-ETI, vous pouvez verser jusqu'à 225 000 €.*

Les titres concernés

Il est possible d'acquérir des actions ou des parts de SARL, la condition étant que la société doit être soumise à l'impôt sur les sociétés et elle doit avoir son siège dans un des pays de l'Union Européenne.

L'investissement peut se faire également à travers un organisme de placement collectif en valeurs mobilières.

Les titres qui bénéficient déjà d'avantages fiscaux sont exclus du PEA (réduction d'impôt pour création d'entreprise, « stock-options », plan d'épargne-entreprise, Sofica, investissement dans les Dom-Tom). Sont également exclus les titres dont la propriété est démembrée. Le titulaire du PEA ne peut y mettre des titres de sociétés dont il détient plus de 25 % du capital.

Les dividendes des titres faisant partie du PEA sont versés au crédit du compte ainsi que les avoirs fiscaux.

Un retrait ou transfert partiel de titres avant le délai de huit ans entraîne la clôture du plan.

Quels sont les avantages fiscaux du PEA ?

Pendant toute la durée du plan, les plus-values et les revenus sont en franchise d'impôt.

Si le retrait a lieu moins de deux ans après l'ouverture, les produits sont imposés au taux de 22,5 % + prélèvements sociaux.

Si le retrait a lieu entre la deuxième et la cinquième année de détention, les produits sont imposés au taux de 19 % + prélèvements sociaux.

Si le retrait a lieu au-delà de cinq ans les produits supportent uniquement les prélèvements sociaux.

La sortie du plan d'épargne en actions peut se faire sous forme de rente viagère. La rente est exonérée d'impôt si la clôture du plan intervient après la huitième année. En tout état de cause, elle est soumise aux prélèvements sociaux.

Nouveauté 2018

À compter du 1er janvier 2018, la totalité des gains sera soumise aux prélèvements sociaux en vigueur au moment du rachat (17,2 % au 01/01/2018). C'est la fin du système des taux historiques, sauf pour les gains réalisés jusqu'à fin 2017 ou obtenus lors des 5 premières années d'un PEA ouvert avant fin 2017.

Cette exonération s'étend à la pension de réversion servie au conjoint survivant du bénéficiaire de la rente.

Tout épargnant a intérêt à ouvrir un PEA. En effet, la date d'ouverture du plan fait partir le calcul de l'antériorité fiscale.

La loi PACTE et le PEA

Le Parlement a décidé d'offrir plus de souplesse au PEA sans remettre en cause sa fiscalité.

Plus de souplesse dans les retraits

Avant la loi Pacte, tout retrait d'argent du PEA avant 8 ans d'ancienneté entraînait obligatoirement la fermeture de celui-ci. désormais, cette limite sera abaissée à 5 ans d'ancienneté. Après cette date, il sera possible d'effectuer des retraits partiels sans que cela n'entraîne la clôture du PEA. Le plafond d'épargne n'est quant à lui pas modifié et reste à 150 000 €.

Du point de vue fiscal, la loi Pacte apporte une simplification. Il n'y a plus qu'une date butoir : les 5 ans du PEA. Avant cette date, l'imposition sur les plus-values sera la flat tax, soit égale à 30 %. Un épargnant imposé à moins de 12,8 % pourra néanmoins choisir d'être imposé sur le revenu. Après les 5 ans d'ancienneté du contrat, seuls les prélèvements sociaux seront prélevés, soit 17,2 %. En conclusion, la fiscalité reste la même après 5 ans mais devient plus avantageuse avant cette date.

Que sont les OPCVM ?

Le sigle OPCVM signifie organisme de placement collectif en valeurs mobilières. Régis par la loi 88-1201 du 23 décembre 1988, les OPCVM sont surtout connus à travers les SICAV ou encore les FCP.

Les OPCVM sont des structures qui permettent la mutualisation des fonds investis par les épargnants. L'investissement étant réalisé en valeurs mobilières, les OPCVM peuvent donc investir sur toutes les catégories de valeurs mobilières (actions, obligations, obligations convertibles, warrants, options, marchés à terme...).

La sélection d'un OPCVM consiste à sélectionner une zone géographique ou un secteur économique que l'épargnant estime porteur en fonction du risque qu'il est prêt à prendre. Au sein de ce secteur ou de cette zone, la sélection des titres est du ressort du gestionnaire.

Quelles sont les différences entre SICAV et FCP ?

La différence entre les deux formules est d'ordre juridique. Les types d'investissements réalisés par le SICAV ou les FCP sont très similaires.

Juridiquement, la SICAV est une société d'investissement à capital variable. Cette société est anonyme. Elle est constituée pour détenir un portefeuille de valeurs mobilières et émet des actions au fur et à mesure des demandes de souscription (la société est à capital variable). Un investisseur devient par son achat automatiquement actionnaire de la société qui les a émises. Ce statut d'actionnaire permet à l'investisseur de pouvoir poser des questions sur la gestion de la société au sein des assemblées générales.

La nature juridique du FCP est différente. Il s'agit d'une copropriété de valeurs mobilières. Le fonds émet des parts et non pas des actions. Contrairement à la SICAV, le porteur de parts de FCP ne dispose d'aucuns des droits conférés à un actionnaire : il ne peut donc avoir un droit de regard sur la gestion.

La gestion d'un FCP est toujours assurée par une société de gestion de portefeuilles. Cette société spécialisée est obligatoirement agréée par l'Autorité des marchés financiers.

Que sont les « trackers » ?

Les trackers sont négociables en Bourse comme des actions. Ces produits offrent la performance d'un indice ou d'un panier d'actions, ils permettent donc l'accès à un vaste choix portant notamment sur des secteurs géographiques ou des secteurs d'activité. Ils ont l'avantage d'être négociables en continu. Ces produits permettent aux épargnants d'accroître la diversification de leurs placements en actions, en participant notamment à la performance des marchés émergents, marchés sur lesquels il n'est guère possible d'avoir des actions en direct. De même, il existe des trackers sur les marchés de matières premières, ce qui peut permettre une décorrélation par rapport au marché des actions.

Il existe des trackers permettant de jouer sur la baisse d'un indice comme le CAC 40 par exemple. Cela veut dire que quand le marché baisse, la valeur du tracker augmente.

Quelles sont les caractéristiques des certificats ?

Il s'agit d'une valeur mobilière cotée en Bourse donnant le droit d'acheter ou de vendre un actif sous-jacent à un prix déterminé à l'avance et jusqu'à une date précisée initialement, généralement dans un délai n'excédant pas 7 à 8 ans.

À chaque certificat est associé un actif financier appelé sous-jacent : le sous-jacent pouvant être très divers : actions, indices de matières premières, taux d'intérêt, etc.

Au sens technique et juridique, un certificat s'analyse comme un titre de créance. Émis par un établissement bancaire, les conditions de remboursement à l'échéance sont connues et garanties dès l'émission.

⚠ *Les certificats ne sont pas éligibles au plan d'épargne en actions (PEA).*

Quatre avantages

1. Ils vous donnent accès à un large choix de sous-jacents, ils représentent un outil de diversification.
2. Les sommes investies sont nettement inférieures à la valeur du sous-jacent.
3. Grande liquidité du produit : il est possible d'acheter et de vendre un certificat aussi facilement qu'une action.
4. Un risque limité au montant investi : à la différence des contrats à terme, des options, l'investisseur en certificats connaît toujours la perte maximale qu'il peut encourir. Dans l'hypothèse la plus défavorable, celle-ci est limitée au montant de son investissement, c'est-à-dire au montant de la prime.

La fiscalité du certificat est spécifique

Le régime d'imposition sur les plus-values va dépendre à la fois de l'exercice ou non du certificat et du caractère habituel des opérations réalisées.

1. En cas de revente du certificat avant l'échéance, les plus-values (prix de vente - prix d'achat du certificat) sont imposables au barème progressif de l'impôt sur le revenu à partir des cessions réalisées en 2013 et à partir de 2018 à la Flat Tax. Les plus et moins-values sur certificats et autres valeurs mobilières se compensent. Les moins-values sur valeurs mobilières sont reportables pendant 10 ans.
2. En cas de remboursement du certificat à l'échéant, la prime de remboursement est soumise à l'imposition sur le revenu au barème progressif avec prélèvement d'un acompte et à partir de 2018 à la Flat Tax.

La décote de remboursement qui pourrait être réalisée constitue une perte en capital qui n'est actuellement pas déductible du revenu imposable.

⚠ *Pour les opérateurs habituels, les profits réalisés en France sont imposés au barème de l'impôt sur le revenu dans la catégorie des bénéfices non commerciaux. Les pertes sont imputables sur les profits de même nature réalisés au cours de la même année ou des 6 années suivantes.*

À retenir

- L'action représente une fraction du capital social, elle est à la fois un titre de propriété et elle est négociable.
- Il existe plusieurs types d'ordres. Il est important de comprendre leur fonctionnement car chaque type a sa particularité et correspond à une stratégie.
- Les indices boursiers : ils sont établis à partir de la sélection de certaines valeurs boursières en fonction de leur poids ; les indices permettent de voir l'évolution générale du marché.
- Le plan d'épargne en actions peut être ouvert à toutes personnes domiciliées fiscalement en France.
- Le plafond du PEA est actuellement de 150 000 € et pour le PEA-PME : 75 000 €.
- Un retrait ou transfert partiel de titres avant le délai de huit ans entraîne la clôture du plan.
- Les OPCVM sont des structures qui permettent la mutualisation des fonds investis par les épargnants.
- Les trackers permettent l'accès à un vaste choix portant notamment sur des zones géographiques ou des secteurs d'activité.
- Les certificats : valeur mobilière cotée en Bourse donnant le droit d'acheter ou de vendre un actif sous-jacent à un prix déterminé à l'avance et jusqu'à une date précise.

Chapitre 5

Pour les amateurs de sensations fortes : les différents produits dérivés

Qu'est-ce que les produits dérivés ?

Les produits dérivés sont des contrats par lesquels les intervenants fixent à l'avance le prix auquel ils peuvent acheter ou vendre une certaine quantité d'actifs sous-jacents.

Les produits dérivés sont des actifs financiers qui consistent en des droits à terme ou des droits conditionnels résultant de contrats ou de promesses de contrats. Ils sont liés à des actifs ou indices sous-jacents (support auquel est adossé un produit dérivé) et leur valeur dépend de l'évolution de ces supports entre la conclusion du contrat et son dénouement. La valeur du produit est ainsi dérivée de celle des actifs ou indices sous-jacents. Les supports peuvent être par exemple, une action, une obligation, un taux d'intérêt, un taux de change sur des devises, des matières premières ou des indices.

Ces produits ont été créés comme un moyen pour des agents économiques de se couvrir contre des évolutions défavorables des cours. Utilisés à l'origine comme instruments de couverture, ils ont évolué et sont utilisés également pour prendre des positions spéculatives.

Pour information, les principaux dérivés financiers sont :
- les contrats de gré à gré (forwards) ;
- les contrats à terme sur marchés organisés (futures) ;
- les swaps (il s'agit d'un contrat d'échange de flux financiers entre deux parties, qui sont généralement des banques).

Les principaux produits optionnels :
- les options ;
- les warrants ;
- ainsi que de nombreux produits hybrides comportant une composante optionnelle (les turbos par exemple).

Qu'est-ce qu'une option ?

Les options sont des produits dérivés (voir ci-dessus) car leur valeur dépend de celle de l'actif ou support, qualifié de « sous-jacent », sur lequel elles portent. Ces sous-jacents peuvent être des produits physiques (matières premières), des instruments financiers (actions, obligations, taux d'intérêt, de change). Le support peut être également un indice boursier.

⚠ *Les options sont des contrats négociables dont la réalisation finale dépend de l'évolution des conditions de marché (caractère optionnel) et dont le paiement, en cas de réalisation, intervient à une date future.*

Quelles sont les différentes catégories d'options ?

On peut distinguer deux grandes catégories d'options : les options d'achat et les options de vente ; les termes utilisés par les opérateurs sont les termes anglo-saxons : options d'achat (ou CALL), options de vente (ou PUT).

Une **option d'achat sur actions** donne à son acquéreur le droit d'acheter les actions sous-jacentes pendant un certain temps ou à une date future (dite échéance), à un prix fixé d'avance (le prix d'exercice).

Une **option de vente sur actions** donne à son acquéreur le droit de vendre les actions pendant un certain temps ou à une date future (l'échéance) au prix d'exercice fixé.

Bien entendu, en contrepartie de ce droit et du service offert, l'acheteur de l'option paie une somme d'argent appelée prime.

Les options d'achat ou de vente peuvent elles-mêmes être achetées ou vendues (on peut vendre une option sans en avoir acheté préalablement).

⚠ *Seul l'acheteur peut décider de l'exercice des options. Cela rend la position des vendeurs beaucoup plus risquée en cas d'évolution défavorable des cours. C'est pourquoi, il est recommandé à l'investisseur non averti de se limiter à l'achat d'options d'achat ou de vente.*

Qu'est-ce qu'un « warrant » ?

Il s'agit d'une valeur mobilière. Un warrant permet à celui qui le possède d'acheter ou de vendre une action (ou une autre valeur mobilière) à un prix déterminé à l'avance. Le possesseur du warrant n'est pas forcé de vendre ou d'acheter l'action concernée. L'action concernée est appelée sous-jacent ou support.

Il existe deux types de warrant : le call warrant et le put warrant :

- le détenteur du warrant possède le droit d'acheter le sous-jacent, on parle alors de call warrant ;
- le possesseur du warrant possède avec le droit de vendre le sous-jacent, on parle alors de put warrant.

Le prix déterminé à l'avance est nommé le prix d'exercice ou dans le jargon utilisé strike.

Il est possible d'exercer un warrant :

- pour acheter (call warrant) effectivement le sous-jacent ;
- ou pour vendre effectivement le sous-jacent (put warrant).

Dans la pratique, les investisseurs exercent rarement le warrant, il est en général plus intéressant de le revendre avant l'échéance. En effet, une part de la valeur du warrant vient de son intérêt spéculatif qui s'ajoute à sa valeur réelle constatable appelée valeur intrinsèque.

Précision : Si le cours du support augmente, le cours du call warrant sur ce support augmente également ; par contre, le cours d'un put warrant sur ce support diminue.

Si le cours du support diminue, le cours du call warrant sur ce support diminue également mais par contre le cours d'un put warrant sur ce support augmente.

En termes de stratégie

Le call warrant permet de spéculer sur la hausse du support sous-jacent alors que le put warrant permet de spéculer sur la baisse du support sous-jacent.

Qu'est-ce que le Forex ?

Le Forex (Foreign Exchange) est le marché des devises. Ce marché permet l'achat et la vente de devises (euro, dollar, yen, etc.).

La particularité de ce marché est qu'il est ouvert en quasi-permanence (24 h/24, 5 jours sur 7). De par cette caractéristique, ce marché concerne des montants considérables, au point de le placer à la seconde place dans l'importance des marchés financiers.

Le prix des différentes devises se base sur un taux, qui évolue lui aussi sans cesse. Par exemple, le taux pour l'échange euro/dollar est à 1,45. Cela veut dire qu'en échangeant 1 € vous obtenez 1,45 dollar.

⚠ *Il est important de vérifier par l'Autorité des marchés financiers si le courtier a l'autorisation d'opérer en France.*

Quels sont les risques du Forex ?

Le marché du Forex est fluctuant. Ce marché très vaste peut subir ou peut présenter des décalages de cours importants. Il faut savoir que la qualité du courtier est primordiale. En effet, le temps de réaction, ce qu'on peut appeler le « timing » est essentiel. Il y a un prix à payer : pour réussir sur le Forex, il faut être réactif et passer du temps sur Internet.

⚠ *Une des caractéristiques essentielles des échanges sur le Forex réside dans les leviers importants proposés par les courtiers (50 à 100 fois plus élevés, comparés à 5 sur le SRD pour le marché des actions). L'effet de levier permet de « jouer » sur une somme jusqu'à 500 fois supérieure à celle que le courtier possède. Un effet de levier trop important, associé à une méconnaissance du marché, entraîne la perte de la majorité des investisseurs particuliers. C'est la cause de ruine de beaucoup de particuliers alors que paradoxalement le marché Forex est 2 à 3 fois moins volatil que le marché des actions.*

Qu'est-ce qu'un CFD « contract for difference » ?

Les CFD sont des instruments financiers à terme. Un CFD, contrat sur différences, est un produit dérivé qui n'est pas coté sur un marché. Le principe est celui d'un accord entre deux parties, un acheteur et un vendeur. À l'échéance, le vendeur va régler à l'acheteur la différence entre le prix actuel du sous-jacent (que ce soit une action, un indice boursier ou... un baril de pétrole) et la valeur de celui-ci à une date déterminée. C'est donc une opération d'achat à découvert, permettant à l'investisseur de « parier » sur la tendance future du sous-jacent.

Les CFD n'ont pas de date d'échéance. L'acheteur solde sa position quand il le désire. Cette position permet de bénéficier d'un effet de levier fixé à l'avance entre un investisseur et son intermédiaire financier.

La valeur des CFD est directement reliée au cours des sous-jacents.

Ils entrent dans la catégorie des instruments financiers. Les CFD permettent aux investisseurs de s'exposer à l'évolution des cours d'une gamme très large d'instruments financiers, de matières premières ou de devises.

Ils peuvent entraîner pour l'investisseur une perte qui excède leur coût d'achat. En effet, l'investissement est amplifié par un effet de levier qui multiplie aussi bien les gains que les pertes en fonction de l'évolution du marché. Quand celui-ci évolue en sens inverse de la position prise par l'investisseur, le montant de la perte peut être supérieur aux sommes qui ont été investies.

Qu'est-ce que l'investissement en crypto-monnaie ?

Tout d'abord il convient d'expliquer ce qu'est une crypto-monnaie : il s'agit d'une monnaie totalement électronique et virtuelle. Elle n'a donc aucune réalité physique. Une autre particularité importante réside dans le fait que cette monnaie est cryptée. En clair, cela veut dire qu'elle ne peut être utilisée que par quelqu'un possédant le code permettant de décrypter la monnaie. Sans rentrer dans les détails techniques, ces informations sont stockées dans ce qu'on appelle la Blockchain qui est un système de fichiers. À partir de ces éléments-là, la crypto-monnaie peut être utilisée comme une monnaie classique, on peut procéder à des achats et à des ventes. Cependant il faut savoir que ces monnaies sont à l'heure actuelle des monnaies dites alternatives dans la mesure où il n'existe pas de cours légal. Elles ne sont donc sous la responsabilité d'aucune banque centrale ni d'aucun État.

La plus connue des crypto-monnaies est le Bitcoin. Les autres monnaies virtuelles les plus connues sont les suivantes: Ethereum, Ethereum Classic, Litcoin, DigitalCash, Iconomi, Augur... La liste présentée ici n'est pas exhaustive. Signalons également pour les amateurs de sensations fortes que certaines crypto-monnaies garantissent un anonymat total, les plus connues étant: le Darkcoin, le Zerocoin, le Bytecoin ou encore le BlackCoin.

On peut mettre en évidence les avantages et les inconvénients des crypto-monnaies comme présenté ci-dessous.

Avantages

À notre sens, il existe quatre avantages à l'utilisation des crypto-monnaie:

- Premier avantage: la plupart des crypto-monnaies ont un plafond d'émissions: par exemple 21 millions pour les Bitcoins.
- Deuxième avantage: l'anonymat est garanti pour les transactions et celles-ci sont sécurisées.
- Troisième avantage: les transferts d'argent sont rapides par rapport à des virements bancaires classiques.
- Quatrième avantage: les frais de transfert sont très faibles et en tout état de cause bien inférieurs aux tarifs bancaires.

Les inconvénients

Le premier inconvénient réside dans la très forte volatilité des crypto-monnaie qui ces derniers temps ont connu une ascension verticale mais également des baisses importantes.

Il faut signaler également que les mots de passe utilisés et les adresses doivent être conservés précieusement, car en cas de perte de ceux-ci l'argent est lui aussi perdu.

Voici une petite statistique sur les crypto-monnaies. Top 3 des meilleures crypto-monnaies par valorisation:

1. Bitcoin (120 milliards d'€).
2. Ethereum (14,5 milliards d'€).
3. Ripple XRP (8,6 milliards d'€).

À retenir

- Les produits dérivés sont des contrats par lesquels les intervenants fixent à l'avance le prix auquel ils peuvent acheter ou vendre une certaine quantité d'actifs supports.
- Ces produits ont été créés pour se couvrir contre des évolutions défavorables des cours. Ils sont également utilisés pour prendre des positions spéculatives.
- Les options sont des contrats négociables dont la réalisation finale dépend de l'évolution des conditions de marché et dont le paiement, en cas de réalisation, intervient à une date future.
- Deux grandes catégories d'options : les options d'achat et les options de vente.
- Le call warrant permet de spéculer sur la hausse du support sous-jacent alors que le put warrant permet de spéculer sur la baisse du support sous-jacent.
- Le Forex (Foreing Exchange) est le marché des devises. Ce marché permet l'achat et la vente de devises.
- Une des caractéristiques essentielle des échanges sur le Forex réside dans les leviers importants qui démultiplient les gains… mais aussi les pertes.
- Les crypto-monnaies : un investissement à la mode pour les amateurs de sensations fortes… et éventuellement de gains rapides, ou des pertes tout aussi rapides.

Chapitre 6

Les éléments à connaître pour gérer ses investissements en valeurs mobilières

Il s'agit de présenter, dans ce chapitre, les différents intermédiaires.

Quels sont les différents courtiers en Bourse ?

Les sociétés de bourse sont spécialisées dans la négociation de titres. Le service client est généralement haut de gamme et les informations diffusées sur leur site particulièrement fiables. Le coût est tout de même plus élevé que chez les précédents.

Les **services boursiers** des banques sont avantageux pour les clients traditionnels qui n'ont pas besoin d'effectuer de changement de compte. Cependant, les fonctionnalités proposées sur ces sites sont beaucoup moins nombreuses et pratiques que celles proposées sur les sites des autres intermédiaires.

Les **filiales de banque** : certaines banques ont créé des filiales pour proposer à leurs clients des services boursiers davantage adaptés aux boursicoteurs actifs.

Les **brokers indépendants** ont commencé à apparaître à partir de 1997 sur Internet. Ils ne font que du courtage en ligne. Ces sociétés ont mis en place un système de tarification très séduisant dès leur lancement.

Quels sont les avantages des courtiers en ligne ?

Par rapport aux services classiques d'une banque ou d'une société de Bourse, passer par un trader en ligne présente trois caractéristiques par rapport à un circuit classique.

Les plages d'intervention sont... 24 heures sur 24. Cela permet aux traders d'intervenir directement sur les marchés étrangers.

Les courtiers en ligne offrent également toute une série d'aides à la décision en temps réel : des graphiques, des analyses, des dépêches et, cela va de soi, les cours en temps réel.

Avantage principal

Les frais de courtage sont deux à cinq fois moins chers que dans les banques traditionnelles. C'est là le principal avantage de la Bourse en ligne : les facturations seront différentes selon la fréquence d'intervention, les tarifs seront adaptés aux traders faisant de nombreux allers-retours sur les marchés.

Voyons ci-après ce qu'il en est sur les investissements financiers, d'un point de vue technique.

Qu'est-ce que l'analyse fondamentale ?

L'objectif poursuivi par l'analyse fondamentale est d'évaluer de la façon la plus juste possible la valeur d'une entreprise. Cette approche nécessite la maîtrise de données d'ordre différent.

Tout d'abord, il convient d'utiliser des éléments économiques afin de situer l'entreprise dans son environnement concurrentiel, afin également d'estimer ses perspectives de croissance sur ses différents marchés. Cela amènera à pratiquer l'analyse stratégique afin de déterminer par exemple le positionnement de la société étudiée par rapport à la concurrence ou à son secteur d'activité. Ensuite, il sera procédé à une analyse comptable et financière qui passera notamment par l'analyse du bilan et du compte de résultat.

Les conclusions de l'analyse permettront d'émettre une opinion sur la sur ou sous-valorisation de la société étudiée par rapport à ses fondamentaux. Ces éléments doivent permettre aux investisseurs de décider avec pertinence.

L'analyse fondamentale nécessite des analyses longues et diverses puisqu'il s'agit non seulement d'évaluer la situation financière d'une entreprise mais aussi de mettre en évidence sa stratégie.

Qu'est-ce que l'analyse technique ?

L'**analyse technique** consiste en l'étude des graphiques des cours de Bourse, elle examine les courbes des actions jour après jour. L'analyse technique a pour finalité d'anticiper les mouvements futurs des cours, à partir de l'étude d'un historique des cours de Bourse, matérialisé sous la forme de différents graphiques reliés en principe par des traits.

Cette extrapolation graphique peut concerner des marchés très différents : les indices, les actions aussi bien que les matières premières ; de manière générale, l'analyse technique peut être appliquée à tout type d'actif support dès lors qu'il existe un marché avec un prix déterminé par la rencontre de l'offre et de la demande.

Elle repose sur un postulat simple : le cours d'une action ou d'un actif support reflète une opinion à un moment donné. Il y a donc une forte dimension psychologique et irrationnelle dans l'acte d'achat ou de vente. Dès lors, il est possible d'identifier des comportements humains répétitifs (par exemple, la panique ou l'euphorie) et de prévoir, à partir d'un historique des cours, les mouvements futurs d'une action.

À partir de là, les analystes techniques établissent des courbes qui sont constituées par les valeurs prises dans le temps par chaque support étudié, faisant des points sur un graphique que l'on relie ensuite par des traits dans le but d'anticiper l'évolution des actifs étudiés.

L'objectif recherché est la prévision des évolutions et des retournements de tendance à la hausse ou à la baisse. Il s'agit d'identifier ce qu'on appelle dans le langage de l'analyse technique des figures remarquables et des signaux d'alerte donnés qui sont prédictifs de l'évolution des cours.

L'analyse technique n'est pas une science exacte. Elle renseigne sur les comportements des différents acteurs du marché et cherche à anticiper leurs réactions.

Quels sont les différents types de gestion pour des investissements en valeurs mobilières ?

La gestion individuelle, ou l'application de ses choix personnels

Principes de fonctionnement

L'investisseur définit seul sa stratégie d'investissement sur les différents produits et les différents marchés. L'investisseur définit également lui-même le degré de risque qu'il compte prendre.

L'investisseur doit choisir lui-même l'intermédiaire financier chez qui il ouvrira un compte titres.

Cet intermédiaire peut être une banque, qui maintenant propose en général au travers de son site Internet une interface d'investissement boursier permettant le suivi et le passage des ordres, ce peut être également un courtier en ligne auprès duquel l'investisseur ouvre un compte et gère son portefeuille.

L'investisseur gérant également seul ses placements, doit se tenir informé sur l'actualité économique et sur l'évolution des entreprises. L'investisseur devra également sélectionner les valeurs à acquérir, suivre l'évolution de son portefeuille et procéder à des arbitrages.

Intérêts de la gestion individuelle

En choisissant ce mode de gestion, l'investisseur :

- n'a pas de contraintes de critères d'investissement et de montants de capital ;
- peut avoir la satisfaction de réaliser seul des plus-values boursières ;
- peut trouver un intérêt personnel permettant de développer sa culture dans la sphère économique et financière.

La gestion collective, ou faire gérer par les autres

Plusieurs modes de gestion collective existent, au travers notamment des organismes de placement collectif en valeurs mobilières.

Investir dans un fonds, c'est souscrire à des parts représentatives d'un actif géré par un gestionnaire (banque, société de gestion, etc.).

La gestion est déléguée à un professionnel. L'investisseur doit toutefois choisir sa stratégie d'investissement parmi l'offre multiple de fonds et de SICAV.

Intérêts de la gestion collective

- Bénéficier de l'expérience et de la compétence de professionnels.
- Pouvoir diversifier son investissement.
- Limiter les risques inhérents à une gestion individuelle par la diversification.
- Pas de nécessité d'investissements importants.
- Coûts de gestion plus faibles que ceux entraînés par un portefeuille individuel.

La gestion assistée et la gestion déléguée, ou une solution intermédiaire pour des portefeuilles déjà conséquents

Ces types de gestion sont proposés en gestion privée ou en gestion de fortune, il existe un ticket d'entrée dont le montant est généralement supérieur à 100 000 €. Les frais de gestion sont dégressifs et sont fonction de la valeur du portefeuille ou des capitaux gérés.

La gestion assistée ou la gestion conseillée

On parle de gestion assistée lorsque l'investisseur gère de manière autonome son portefeuille en bénéficiant des conseils d'un professionnel fourni par son intermédiaire financier dans la plupart des cas.

La gestion déléguée ou gestion sous mandat

L'investisseur mandate un gestionnaire professionnel pour gérer son investissement.

Un contrat est signé entre les parties. Il établit :

- les objectifs de gestion (dynamique, équilibrée, prudente) - cf. ci-après ;
- la nature des actifs sur lesquels les investissements sont réalisés ou au contraire exclus ;
- les informations fournies par le gestionnaire et leur fréquence.

Intérêts de la gestion assistée et déléguée

En choisissant ces modes de gestion, l'investisseur peut bénéficier de deux avantages :

1. aide d'un expert capable de s'adapter totalement aux objectifs de gestion de son client ;
2. frais de gestion généralement moins élevés que dans les formules collectives.

Quels sont les styles de gestion appliqués par les gérants ?

Le gérant d'un fonds collectif SICAV ou FCP peut adopter différents styles de gestion, les types de gestion les plus répandus étant la gestion dite « Value » et la gestion dite « Growth ».

Un gérant « Value » sélectionnera des actions d'entreprise qu'il estime temporairement sous-valorisées compte tenu de leurs fondamentaux et de leurs perspectives. La stratégie repose sur l'anticipation d'une augmentation prochaine de leur cours pour revenir à leur « juste valeur ». Il s'agit d'une démarche relativement peu risquée. La sélection des titres est réalisée à partir du ratio cours/bénéfices (ou Price Earning Ratio [PER]).

Un gérant « Growth » sélectionnera les actions d'entreprise qui contrairement à l'approche précédente ne sont pas sous-valorisées par les investisseurs, mais dont il pense que la croissance à venir (innovation produits, développement international, etc.) n'est actuellement pas perçue par les investisseurs et ne se reflète pas dans les cours. Il s'agit a priori d'entreprises dont la croissance des bénéfices est supérieure à la moyenne du secteur et du marché.

Certains gérants optent pour un style de gestion mixte selon leurs propres anticipations. Ils peuvent investir dans des actions décotées ou des actions affichant de prometteuses perspectives de croissance.

Que signifient les différents profils de gestion ?

Les profils des investisseurs et donc leur profil de gestion sont essentiellement fonction de quatre éléments :

1. les objectifs poursuivis : valorisation du capital à long terme ou plutôt perception de revenus ;
2. l'horizon d'investissement court ou long terme ;
3. la connaissance financière et surtout le niveau de risque toléré ;
4. la situation juridique et fiscale.

Le profil gestion « prudente »

Ce type de gestion concerne ceux qui veulent voir croître leur épargne, mais sans risquer de pertes importantes. La part de l'investissement en actions sera faible - entre 5 et 25 % selon les établissements financiers, le reste du portefeuille sera investi dans des produits monétaires et obligataires, moins volatils. La protection du capital investi repose sur la limitation au maximum des risques de pertes résultant de variations boursières.

Le profil gestion « équilibrée »

Ce profil de gestion dit équilibré correspond en général à un investissement équilibré, à 50 % en obligations et 50 % en actions. Selon l'état des marchés financiers, il est possible que le gérant fasse descendre la part des actions à 40 ou au contraire la fasse monter à 60 %. Il existe donc un équilibre entre des actifs peu risqués et d'autres plus dynamiques.

Le profil gestion « dynamique »

Un profil dynamique implique majoritairement des actifs risqués et présentant des perspectives importantes de valorisation. Il s'agit donc essentiellement d'actions françaises ou internationales. Il sera adapté à un investisseur n'étant pas allergique au risque, et qui souhaite investir sur le long terme, c'est-à-dire au moins sur 5 ans. En effet, sur une courte période les variations peuvent être importantes en hausse ou en baisse mais sur le long terme les perspectives de rendement sont supérieures à celles d'un profil prudent.

Qu'est-ce que l'investissement programmé ?

Cette stratégie est souvent considérée comme gagnante, mais de quoi parle-t-on ?

Un plan d'investissement programmé ou régulier (dollar cost average dans la terminologie anglo-saxonne) est une stratégie d'investissement basée sur une épargne régulière sur une longue période, quelles que soient par ailleurs les évolutions du marché, les prix des titres pouvant être élevés ou faibles. Cette technique ne prend pas en compte les hausses et les baisses de marché permettant par voie de conséquence de moyenner le prix de revient de l'investissement. En investissant de façon régulière sur une longue période, même avec un montant faible, il est possible de se constituer un capital élevé car les hausses et baisses sont lissées. De plus, en investissant sur le marché de façon régulière, il est possible d'obtenir un coût moyen d'achat plus bas sur le long terme.

Toutefois l'investissement programmé ne garantit pas une rentabilité positive ni ne protège contre des pertes éventuelles lorsque le marché est à la baisse. De plus, cette stratégie nécessite d'être mise en œuvre sur une longue période (plus de 10 ans).

Quelles sont les caractéristiques des fonds d'investissement Socialement Responsable (ISR) ?

L'investissement Socialement Responsable applique l'approche du développement durable à la finance.

L'ISR consiste à intégrer dans les produits d'épargne des critères d'analyse de nature environnementale, sociale et de gouvernance associés aux critères financiers classiques.

Les gérants d'OPCVM bénéficiant d'un label ISR, ne se contentent pas de sélectionner une action ou une obligation sur les seuls critères de rentabilité. Ils ne regardent pas que le bénéfice. Ils adoptent une approche plus globale.

L'approche ISR prend en compte essentiellement trois critères :
- l'impact positif ou négatif de l'entreprise sur l'environnement ;
- la politique sociale et citoyenne de l'entreprise ;
- la transparence dans les règles de gouvernance adoptées.

Ces trois critères peuvent être qualifiés d'« extra-financiers ».

Quelles sont les méthodes de sélection des entreprises ?

La sélection des entreprises par les gérants de fonds ISR repose essentiellement sur deux approches.

L'approche par exclusion

Elle consiste à exclure certains secteurs considérés comme nuisibles par principe (tabac, armement, nucléaire) ou certaines sociétés dont les comportements sont considérés comme non « éthiques », sur des bases morales ou environnementales ou concernant des pratiques sociales contestables (travail des enfants, contentieux fréquents sur les licenciements abusifs...).

L'approche par discrimination

Elle nécessite de rechercher les entreprises les plus « en pointe » sur les différents critères constituant l'investissement socialement responsable.

Précision : une autre classification possible :

Les fonds thématiques

Les fonds thématiques reposent sur un univers d'investissement au sein de l'ISR. On peut citer pour exemple le secteur des énergies renouvelables ou du secteur de l'eau. Chaque fonds met en avant une thématique particulière.

Les fonds solidaires

Les fonds solidaires financent uniquement des projets socialement utiles qui n'ont pas accès aux financements bancaires classiques. On peut alors parler de microcrédit et de microfinance.

Les fonds de partage

Les fonds de partage sont différents des autres fonds ISR car le souscripteur accepte de reverser tout ou partie des revenus auxquels il pourrait normalement prétendre à un organisme humanitaire au sens large du terme. En contrepartie, le souscripteur bénéficie d'une déduction fiscale. L'idée est de financer des projets à vocation sociale et solidaire comme l'habitat.

Les approches par exclusion ou par discrimination ne parviennent pas à établir de consensus, ni sur des critères retenus, ni sur la façon dont les sociétés sont analysées. La notion d'éthique renvoie toujours à des postulats différents selon les analystes.

Qu'est-ce que la gestion alternative ?

La gestion alternative est une classe d'actifs particulièrement hétérogènes qui regroupe l'ensemble des stratégies, ou processus de gestion, à même de générer des rendements positifs/absolus quelle que soit l'orientation directionnelle des marchés financiers.

Objectifs et méthode

La gestion alternative a pour but de générer des rendements dans des marchés haussiers comme baissiers. Un fonds alternatif vise à délivrer un niveau de performance absolue et non à surperformer un indice de référence.

Les fonds alternatifs exploitent les inefficiences observées sur les marchés financiers. Ils font appel à des techniques de gestion auxquelles les fonds traditionnels n'ont en général pas recours (produits dérivés, vente à découvert, effet de levier…).

Intérêts

La gestion alternative permet de tirer profit d'une performance décorrélée de l'évolution des marchés. L'introduction de fonds alternatifs au sein d'un portefeuille traditionnel permet de diversifier les sources de performance et d'améliorer ainsi le couple rendement/risque.

Quels sont les caractéristiques et l'intérêt d'une société civile familiale de gestion de portefeuille ?

Les sociétés civiles de portefeuille sont construites sur le même mode et avec des objectifs assez similaires à ceux poursuivis avec le montage des sociétés civiles immobilières. Elles sont un outil de gestion et de transmission.

La société civile de portefeuille est dotée de la personnalité morale, elle détient des valeurs mobilières (SICAV, actions, obligations, actions ou parts d'entreprises non cotées, etc.). C'est une société en principe transparente fiscalement, ce qui veut dire que les revenus sont imposés au nom des associés au prorata de leur participation dans le capital. Elle peut cependant opter pour l'impôt sur les sociétés (IS).

Un triple avantage

1. Dans une société civile, les héritiers ou donataires sont seulement propriétaires indivis des parts sociales. Le pouvoir de gestion appartient au gérant. Contrairement à l'indivision classique si un héritier veut quitter la société, il peut revendre ses parts, sans que cela entraîne la vente du portefeuille.
2. Les valeurs mobilières étant détenues par une société civile, ce sont les parts de cette société qui feront l'objet d'une transmission. Les parts de sociétés civiles sont moins liquides et moins facilement négociables que des OPCVM ou des titres cotés. Il est possible d'appliquer une décote de l'ordre de 10 % par rapport à la valeur fiscale du portefeuille détenu. Cette décote est admise l'administration fiscale. Le montant de l'impôt se trouve réduit d'autant.
3. Dans le cadre d'une succession, il y a souvent démembrement de la propriété entre un usufruitier le conjoint survivant, les enfants, héritiers nus-propriétaires. Ceux-ci peuvent différer le paiement des droits jusqu'au décès de l'usufruitier. Pour cela, une condition essentielle : les biens ne doivent pas faire l'objet d'une mutation. Cette condition est pour le moins difficile à remplir s'agissant de valeurs mobilières qui nécessitent des achats et des ventes. Or ce qui est transmis dans le cadre d'une société civile de

portefeuille, ce sont les parts sociales et non pas les titres, qui, eux, peuvent faire l'objet d'arbitrages dans la société. À charge pour les héritiers de conserver leurs parts sociales pour bénéficier du report des droits.

À retenir

- Les courtiers en ligne offrent toute une série d'aides à la décision et les frais de courtage sont bien moins chers que dans les banques traditionnelles.
- L'analyse fondamentale permet d'évaluer de la façon la plus juste possible la valeur d'une entreprise.
- L'analyse technique consiste en l'étude des graphiques et des cours de Bourse, afin d'anticiper les mouvements futurs des cours.
- Les différents types de gestion pour des investissements en valeurs mobilières : la gestion individuelle, la gestion collective, la gestion assistée et la gestion déléguée.
- Les types de gestion les plus répandus étant la gestion dite « Value » et la gestion dite « Growth ».
- Les différents profils de gestion : prudente, équilibrée, dynamique.
- L'investissement programmé : basé sur une épargne régulière sur une longue période.
- L'investissement socialement responsable (ISR) : il prend en compte l'impact positif ou négatif de l'entreprise sur l'environnement ainsi que la politique sociale et citoyenne de l'entreprise et enfin la transparence dans les règles de gouvernance.
- La société civile de portefeuille est un outil d'optimisation fiscale et de transmission du patrimoine.

Chapitre 7

Un peu de réglementation

Quelle est la protection de l'épargnant concernant le démarchage financier ?

La protection des investisseurs est régie par la loi de sécurité financière n° 2003-706 du 1er août 2003 qui définit de manière précise :

- les conditions de vente lors du démarchage ;
- le statut des personnes physiques ou morales habilitées à faire du démarchage ;
- les exigences d'enregistrement des démarcheurs.

Il y a démarchage bancaire ou financier dès lors qu'une personne est contactée, par quelque moyen que ce soit, pour lui proposer la réalisation d'un certain nombre d'opérations définies dans le Code monétaire et financier, par exemple :

- la réalisation d'une opération sur instruments financiers (définie à l'article L. 211-1) ;
- la réalisation d'une opération de banque ou d'une opération connexe (définie aux articles L. 311-1 et L. 311-2).

La prise de contact (physique, courrier ou téléphone) peut être réalisée au domicile de la personne démarchée ou sur son lieu de travail.

Le démarcheur exerce une activité de démarchage bancaire et financier uniquement pour le compte de son mandant et dans la limite des services, opérations et produits pour lesquels celui-ci est agréé (article L. 341-4 II du Code monétaire et financier).

Il doit remplir des conditions d'âge, de compétence et d'honorabilité (fixées à l'article D. 341-2 du Code monétaire et financier, partie réglementaire).

Toute personne habilitée à démarcher doit être enregistrée dans un fichier (article L. 341-7 du Code monétaire et financier) tenu par la Banque de France, pour le compte de l'Autorité des marchés financiers (AMF) et de l'Autorité de contrôle prudentiel (ACP). Ce fichier recense l'ensemble des démarcheurs.

Le démarcheur qui propose un produit, un service bancaire ou financier en se déplaçant physiquement au domicile des personnes démarchées ou sur leur lieu de travail, doit impérativement être titulaire d'une carte de démarcheur (article L. 341-8 du Code monétaire et financier). Cette carte est délivrée par la société pour le compte de laquelle le démarcheur exerce.

Le démarcheur au titre de l'article L. 341-11 du Code monétaire et financier doit à la fois s'informer et informer son interlocuteur :

- s'informer de la situation financière de la personne démarchée, de son expérience des produits financiers et de ses objectifs en matière de placement ou de financement ;
- informer de manière claire et compréhensible la personne démarchée sur les produits ou services proposés.

⚠ *Le délai de rétractation est de 14 jours calendaires (article L. 341-16 du Code monétaire et financier). Cependant, pour certains produits financiers (ex. : OPCVM), ce délai de rétractation ne s'applique pas (article L. 341-16 du Code monétaire et financier). Dans ce cas, la personne démarchée dispose d'un délai de réflexion de 48 heures.*

Qu'est-ce que le statut de conseil en investissement financier (CIF) et quelles sont ses obligations ?

Comme vu précédemment, le démarchage bancaire et financier est réglementé par la loi du 1er août 2003 dite de « sécurité financière », à cette occasion un statut spécifique pour les conseillers en investissements financiers (CIF) a été créé. Ce statut va s'appliquer à partir du moment où le conseiller délivre de manière habituelle des conseils en investissements financiers ; le conseiller est obligatoirement assujetti au statut CIF et s'expose à des sanctions pénales à défaut de respecter les règles qui en découlent. Toutefois, certaines professions réglementées telles que les banques, les avocats, les notaires, restent exclues de ce dispositif.

Le CIF est tenu d'adhérer à une association professionnelle agréée par l'Autorité des marchés financiers (AMF), qui vérifiera qu'il remplit les conditions d'accès au statut et le respect de la déontologie. Il devra actualiser régulièrement ses connaissances. Il devra par ailleurs souscrire une assurance responsabilité civile professionnelle.

Obligations des CIF

Lors de l'entrée en relation avec un client, le CIF doit remettre à ce dernier un document comportant des renseignements tels que son numéro d'enregistrement, l'identité de l'association professionnelle à laquelle il adhère, les liens pouvant l'unir à tel ou tel établissement promoteur et, le cas échéant, les mentions relatives à son activité de démarcheur.

Lorsque le CIF conseille un client, il doit vérifier les points suivants :
- appréciation de la situation financière et du patrimoine ;
- les objectifs en matière d'investissement ;
- le niveau de connaissance en matière financière ;
- le degré de risque que le client accepte de prendre ;
- l'horizon d'investissement.

Le CIF devra informer le client, avant même la prestation de conseil, sur les conditions de la rémunération et le montant des commissions à percevoir.

Toute préconisation doit être expliquée au client dans un écrit détaillant les risques et avantages des solutions retenues.

Qu'est ce que la MiFID et quelles sont ses conséquences pour l'investisseur et les conseillers patrimoniaux ?

L'abréviation MiFID veut dire Markets in Financial Instruments Directive. Il s'agit d'une directive européenne qui a pour but de protéger l'investisseur. La MiFID II fixe les règles du jeu à suivre par les institutions financières lorsqu'elles proposent des produits d'investissement ou qu'elles jouent un rôle de conseil.

La MiFID II est entrée en application le 3 janvier 2018. Elle a succédé à la directive MiFID I, qui était elle-même entrée en vigueur en 2007.

Ainsi, les institutions financières sont légalement tenues de dresser des profils d'investisseurs. Ce faisant, elles vérifient que celui-ci possède des informations et une expérience suffisante pour pouvoir acquérir en connaissance de cause les produits d'investissements proposés.

L'intermédiaire financier doit également vérifier, depuis la MiFID I, quelle est la situation financière et les objectifs d'investissement des clients.

L'application de la directive a pour conséquence de faire apparaître quatre types de conseillers patrimoniaux :

- Le conseiller en gestion de patrimoine salarié dans un établissement financier.
- L'agent exclusif, mandaté par un établissement pour vendre uniquement ses produits (exemple : l'agent général d'assurance).
- Le conseiller en gestion de patrimoine « non-indépendant » : la grande majorité des conseillers. Il se rémunère essentiellement grâce aux commissions, ponctuelles ou régulières, sur les produits qu'il a vendus.
- Le conseiller en gestion de patrimoine « indépendant » : avec l'entrée en vigueur de MiFID II, il devra être exclusivement rémunéré pour ses conseils, facturés à ses clients sous forme d'honoraires.

À retenir

- Le démarcheur qui propose un produit, un service bancaire ou financier en se déplaçant physiquement au domicile des personnes démarchées ou sur leur lieu de travail doit impérativement être titulaire d'une carte de démarcheur.
- Le délai de rétractation est de 14 jours calendaires ; pour les OPCVM, il est seulement de 48 heures.
- Un statut spécifique pour les conseillers en investissements financiers (CIF) a été créé. Le CIF est tenu d'adhérer à une association professionnelle agréée par l'Autorité des marchés financiers (AMF).

5e PARTIE

LA DIMENSION IMMOBILIÈRE

Chapitre 1

Les différents produits immobiliers

Qu'entend-on par défiscalisations immobilières ?

Immobilier locatif, immobilier de tourisme, immobilier outre-mer ou en secteur forestier, les pouvoirs publics ont mis en place de nombreux dispositifs d'encouragement en faveur de ces investissements ces dernières années. L'idée était d'inciter les particuliers à investir dans l'immobilier en leur accordant de substantiels avantages fiscaux. Victimes de leur succès, ces dispositifs sont considérés aujourd'hui trop onéreux. Il a donc été décidé d'en réduire la portée.

Qu'est-ce que la loi Scellier et quels sont ses avantages fiscaux ?

La loi Scellier rejoint le grand cimetière des autres lois de défiscalisation venues avant elle.

⚠ *En 2012, le dispositif Scellier a pris fin et est aujourd'hui remplacé par le dispositif Pinel. Cependant, ses effets continuent pour les propriétaires dont l'acquisition est antérieure à cette date. Ceci explique pourquoi il reste présent dans cet ouvrage.*

Les différentes déductions :

	Logement label BBC	Logement sans label BBC
Scellier sur 9 ans	13 %	6 %
Scellier social sur 12 ans	17 %	10 %
Scellier social sur 15 ans	21 %	14 %

Au titre d'une même année d'imposition, le contribuable ne peut bénéficier de la réduction d'impôt qu'à raison de l'acquisition d'un seul logement.

La réduction d'impôt est accordée au titre de l'année d'achèvement et imputée sur l'impôt dû au titre de cette année, puis des huit années qui suivent à concurrence d'1/9 chaque année. Lorsque la réduction d'impôt excède l'impôt dû au titre d'une année, l'excédent peut être imputé sur les six années qui suivent.

Concernant la déclaration des revenus fonciers, l'investisseur a la possibilité de déduire du montant des loyers déclarés à l'administration fiscale (2044 spéciale) :

- les charges réelles ;
- la totalité des intérêts d'emprunt, les assurances décès, invalidité, les frais de caution ou d'hypothèque pendant toute la durée du prêt ;
- les frais de fonctionnement tels que les frais de gestion, assurances, taxe foncière...

Si le montant à déduire est supérieur aux loyers encaissés, l'excédent est d'abord imputé sur d'autres revenus fonciers existants, puis sur le revenu global avec un plafond de 10 700 €.

Quelles sont les contraintes de la loi Scellier ?

Le logement doit être loué nu pendant au moins 9 ans à un locataire qui en fait sa résidence principale.

Le non-respect des engagements de location entraîne la perte du bénéfice des incitations fiscales.

Le loyer doit respecter un plafond réglementaire par mètre carré de surface habitable suivant la zone (cf. documentation officielle).

Qu'est-ce que la loi Pinel ?

Les principes de la loi Pinel

Le dispositif d'aide à l'investissement locatif intermédiaire, dit « Pinel » vise les opérations réalisées entre le 1er septembre 2014 et le 31 décembre 2017. Le dispositif est prorogé jusqu'à 2021.

Pour les opérations antérieures, réalisées du 1er janvier 2013 au 31 août 2014, c'était le dispositif Duflot qui s'appliquait.

La réduction d'impôt se calcule sur le prix de revient du logement, retenu dans la limite de 300 000 € et d'un plafond calculé en fonction de sa surface.

Le propriétaire s'engage sur option à louer le logement pendant au moins six ou neuf ans. L'option doit être exercée lors du dépôt de la déclaration des revenus de l'année d'achèvement de l'immeuble ou de son acquisition si elle est postérieure.
À l'issue de la période d'engagement de location initiale de six ou neuf ans, le propriétaire pourra le proroger pour une ou deux périodes triennales, portant ainsi au maximum à douze ans la durée de son engagement de location et le bénéfice de la réduction d'impôt.

La réduction d'impôt Pinel s'appliquera pour la première fois sur l'impôt sur le revenu de l'année qui suit celle de l'achèvement du logement.

Les sept points essentiels du dispositif :

1. le bien devra être achevé dans les 30 mois suivant la date d'ouverture de chantier ;
2. le bien doit respecter la réglementation thermique en vigueur (BBC par exemple) ;
3. il doit être la résidence principale du locataire ;
4. le bien doit être loué nu ;
5. la location doit prendre effet dans les 12 mois qui suivent l'acquisition du bien ;

6. la location peut être consentie à un ascendant ou à un descendant du contribuable, tout en bénéficiant de la réduction d'impôt. Cela représente un changement par rapport au dispositif « Duflot » qui ne le permettait pas ;
7. respecter un plafond de loyer et un plafond de ressources pour le locataire. Les plafonds à respecter sont fixés chaque année par décret.

Les nouveautés du Pinel 2018

- Réduction d'impôt de 12 % du montant du bien, pour 6 ans de location.
- Réduction d'impôt de 18 % du montant du bien, pour 9 ans de location.
- Réduction d'impôt de 21 % du montant du bien, pour 12 ans de location.

Pour information le plafond 2018 est toujours de 300 000 €.

La loi Pinel 2018 modifie les zones d'éligibilité

Zone A bis : Paris ainsi que ses 29 communes environnantes.

Zone A : La Côte d'Azur, l'Île-de-France et la partie française de l'agglomération Genevoise.

Zone B1 La totalité des métropoles de plus de 250 000 habitants, la grande couronne parisienne, et quelques villes où les prix de l'immobilier sont élevés (Bayonne, Saint-Malo, La Rochelle, Annecy, Chambéry, Cluses, la Corse ainsi que les autres îles non reliées au continent, mais aussi les départements d'Outre-Mer).

Les opérations d'acquisition et de construction situées dans les communes classées zones B2 et C ne sont donc plus éligibles au dispositif Pinel à partir du 1er janvier 2018. La sortie du dispositif est dès le 1er janvier 2018 pour la zone C mais seulement au 1er janvier 2019 pour la zone B2.

Le bien ne peut faire l'objet d'un démembrement. On ne peut bénéficier de cette loi que sur un maximum de deux appartements par an.

Les zones de la loi Pinel :

1. zone Abis : Paris, certaines communes d'Ile-de-France... ;
2. zone A : autres villes d'Ile-de-France, Côte d'Azur, Genevois français... ;
3. zone B1 : agglomérations de plus de 250 000 habitants, grande couronne autour de Paris, quelques agglomérations chères (Annecy ou Saint-Malo par exemple), pourtour de la Côte d'Azur, DOM, Corse ;
4. zone B2 : les autres agglomérations de plus de 50 000 habitants, les autres zones littorales ou frontalières, le reste de l'Ile-de-France.

Les plafonds de loyers mensuels de la loi Pinel en €/m²:

1. 16,83 € pour la zone Abis;
2. 16,50 € pour la zone A;
3. 10,07 € pour la zone B1;
4. 8,75 € pour la zone B2.

⚠ *Pour faire simple! Aux plafonds de loyer ainsi définis, il est fait application d'un coefficient multiplicateur calculé selon la formule suivante: « 0,7 + 19/S » dans laquelle S est la surface du logement. Le coefficient ainsi obtenu ne peut excéder 1,2.*

Plafonds annuels de ressources des locataires 2018

Composition du foyer locataire	Zone A bis	Zone A	Zone B1	Zones B2 et C	DOM, St-Martin, St-Pierre et-Miquelon	Polynésie française, Nouvelle-Calédonie, Îles Wallis-et-Futuna
Personne seule	37126 €	37126 €	30260 €	27234 €	27499 €	30405 €
Couple	55485 €	55486 €	40410 €	36368 €	36724 €	40602 €
Personne seule ou couple avec 1 personne à charge	72737 €	66699 €	48596 €	43737 €	44164 €	48829 €
Personne seule ou couple avec 2 personnes à charge	86843 €	79893 €	58666 €	52800 €	53315 €	58947 €
Personne seule ou couple avec 3 personnes à charge	103326 €	94579 €	69014 €	62113 €	62718 €	69344 €
Personne seule ou couple avec 4 personnes à charge	12954 €	11859 €	8677 €	7808 €	7887 €	8719 €
Majoration au-dessus de 5 personnes à charge	+ 12908	+ 11816	+ 8646	+ 7780		

Petit point fiscal :

Le taux de réduction d'impôt est de 12 % pour un engagement de six ans, de 18 % pour un engagement de neuf ans et de 21 % pour un engagement de douze ans.

Si le montant de la réduction d'impôt excède l'impôt dû au titre d'une année d'imposition, le solde ne peut être imputé sur l'impôt sur le revenu des années suivantes.

Pinel Outre-Mer: dans les DOM, les collectivités d'Outre-Mer (COM) et en Nouvelle-Calédonie, la réduction d'impôt est majorée. Le taux est fixé à 23 %, 29 % ou 32 %, selon que la durée de l'engagement de location est respectivement de six, neuf ou douze ans.

La réduction d'impôt Pinel entre dans le plafond global des niches fiscales de 10 000 € par foyer.

⚠ *Contrairement au dispositif Duflot, le dispositif Pinel aligne l'avantage fiscal accordé aux sociétés civiles de placement immobilier (SCPI) sur celui des particuliers.*

Les nouveautés Pinel 2019

La Loi de finances pour 2019 a modifié de manière importante la loi Pinel avec le dispositif Denormandi qui a étendu la réduction d'impôt Pinel, en principe réservée au neuf, à l'achat de certains logements anciens faisant l'objet de lourds travaux de rénovation.

De quels travaux s'agit-il ?

1. Des travaux d'aménagement, d'assainissement des surfaces habitables.
2. Des travaux d'économies d'énergie.
3. La création de surface habitable à partir de combles ou de garages.
4. Les transformations en logement d'un local non affecté à l'habitation.

Les travaux doivent représenter au moins 25 % du prix du logement acheté.

Le propriétaire-bailleur doit respecter les conditions de location du régime Pinel en termes de loyers et de ressources.

Fiscalité

L'avantage fiscal procuré par le dispositif Denormandie est identique au Pinel classique : une réduction d'impôt de 12 %, 18 % ou 21 % du prix du bien dans la limite de certains plafonds

Nouveautés Denormandie 2020 :

1. Le dispositif Denormandie est prorogé d'une année supplémentaire jusqu'au 31 décembre 2022.
2. Alors que l'avantage se limitait aux biens situés en centre-ville des communes éligibles, cette notion de centre est supprimée.
3. Le dispositif va bénéficier d'une liste élargie de travaux éligibles. Au-delà de ceux de rénovation, deviennent éligibles d'autres travaux, par exemple l'assainissement ou l'aménagement de surfaces habitables.

Qu'est-ce que le dispositif Censi-Bouvard ?

Le dispositif Censi-Bouvard est prolongé jusqu'en 2021 sous les mêmes conditions.

Petit rappel : l'investissement en Loi Censi-Bouvard 2018 concerne uniquement :

- les résidences avec services pour étudiants ;
- les résidences avec services agréées pour personnes âgées ou handicapées ;
- les résidences d'accueil et de soins agréées.

Les logements doivent être loués meublés avec bail commercial à l'exploitant de la résidence pour une durée minimale de neuf ans.

Le taux de réduction à 11 % reste inchangé pour ce dispositif d'incitation fiscale Censi-Bouvard destiné à favoriser l'achat immobilier en résidences gérées pour personnes âgées, étudiants ou de tourisme.

Un triple avantage

1. L'investisseur bénéficie du remboursement de la TVA.
2. Il n'est pas soumis au plafonnement des loyers.
3. Le dispositif n'exige pas le label BBC (bâtiment basse consommation).

Les caractéristiques fiscales

En 2013, l'investisseur peut bénéficier, avant la disparition le 31 décembre de cette année du dispositif, d'une réduction d'impôt de 11 %, lissée sur 9 ans, sur l'achat effectué dans la limite de 300 000 €.

La loi Censi-Bouvard permet l'acquisition de plusieurs biens au cours d'une même année. Cependant, si ces achats dépassent les 300 000 €, la réduction d'impôt ne joue que sur les 300 000 €.

⚠ *L'investissement sous le régime Censi-Bouvard n'a pas de contraintes de zone géographique.*

Pas de plafonnement de loyers, pas de conditions de ressources du locataire. La récupération de la TVA à 19,6 %.

L'achat en résidence avec services, dans le neuf, s'accompagne de la récupération de la TVA à 19,6 %, contrepartie de la location en bail commercial et non en bail d'habitation.

⚠ *Le prix d'un bien dans une résidence de services est généralement plus élevé que celui d'un bien classique du fait justement des services communs tels que l'accueil, les salons, etc.*

Déroulement de l'opération

En acquérant un bien dans une résidence de ce type, l'investisseur ne signe pas un bail d'habitation avec un locataire. Il signe un bail commercial de 9 ou 11 ans avec une société d'exploitation qui donne ce bien en sous-location à un locataire. En contrepartie, il reçoit de la part de cette société des revenus fixes pendant toute la durée du bail, que le logement soit occupé ou non. Ce revenu garanti évolue environ entre 3 et 4 % selon la qualité de l'emplacement et celle du bien, la possibilité ou non d'occuper la résidence quelques semaines par an.

⚠ *Il faut vérifier le sérieux et la solidité de la société de gestion.*

Les logements concernés

- Résidence de tourisme classée.
- Résidence avec services pour étudiants.
- Résidences pour personnes âgées ou handicapées.

Quels sont les avantages fiscaux de l'investissement Outre-Mer ?

Opérations concernées

Comme dans le cadre de la loi (désormais on parle de « dispositif Pinel Outre-Mer ») pour la métropole, le contribuable doit acquérir un logement neuf ou assimilé (construction, remise à neuf, réhabilitation ou transformation d'un local affecté à un autre usage que l'habitation) entre le 1er janvier 2013 et le 31 décembre 2016. Le dispositif Pinel est prolongé jusqu'au 31/12/2021.

Le logement doit être situé dans une zone de tension (c'est-à-dire déséquilibre entre l'offre et la demande) du marché du logement. Un arrêté, publié ultérieurement, précisera les zones géographiques concernées.

La réduction d'impôt liée à la loi Pinel est conditionnée au respect des normes énergétiques : soit la réglementation thermique entrant en vigueur le 1er janvier 2013 (RT 2012) soit le label « BBC 2005 ». Pour une parfaite information, les biens se situant à Mayotte sont exonérés de cette condition.

Les règles de la location

Le propriétaire s'engage à mettre le bien en location nue à usage d'habitation principale pendant une durée de neuf ans. Le loyer perçu ainsi que les ressources du locataire ne devront pas être supérieurs à des plafonds fixés par décret.

Le locataire ne doit pas être membre du même foyer fiscal, ni un ascendant, ni un descendant.

La réduction d'impôt

Le taux de réduction d'impôt accordé en Outre-Mer est de 29 % du prix de revient du logement (contre 18 % en France métropolitaine) dans la limite d'un plafond par m^2 de surface habitable. La réduction d'impôt est répartie sur neuf ans. Chaque contribuable ne peut bénéficier de la réduction d'impôt qu'à raison de deux logements maximum, pour une même année d'imposition, dans la limite d'un prix d'acquisition total de 300 000 €.

⚠ *Le dispositif Pinel pour l'Outre-Mer prend la forme d'une réduction d'impôt comme le Pinel métropole mais celle-ci est de 23 %, 29 % ou 32 % du montant de l'acquisition (dans une limite de 300 000 €), répartie sur 6, 9 ou 12 ans, accordée en 2015.*

La réduction d'impôt Pinel Outre-Mer bénéficie d'un plafonnement des avantages fiscaux à 18000 € (pour l'impôt 2018) par foyer fiscal.

Petit exemple

Achat d'un appartement répondant aux critères de la réduction fiscale d'une valeur de 214500 € pour 70 m². L'acquéreur pourra obtenir une réduction fiscale de 6912 € par an soit 62211 € sur les 9 ans concernés par le dispositif.

La souscription à des parts d'une société civile de placement immobilier (SCPI) permet également de bénéficier de la réduction d'impôts prévue par la loi Duflot. Dans ce cas, la base de calcul de la réduction d'impôt sera de 95 % du montant de la souscription.

Loi Girardin : dispositions principales

La loi Girardin permet aux investisseurs immobiliers l'acquisition d'appartements neufs ou de maisons neuves dans les départements et régions d'Outre-Mer.

Le dispositif Girardin n'est plus accessible en 2018. Il est présenté ici pour les anciens investisseurs.

La loi Girardin présente trois volets :

1. Le Girardin « classique » : il s'agit pour l'investisseur de réaliser l'acquisition d'un logement neuf. Il peut alors bénéficier d'une réduction d'impôt entre 25 et 50 %. Il doit s'agir d'un logement neuf situé dans un territoire ou une collectivité d'Outre-Mer et mis en location vide à titre de résidence principale durant une période de 6 ans. Le locataire doit en outre percevoir des ressources inférieures à un plafond déterminé par la loi et variable selon la composition du foyer et le département (ou la collectivité) où est situé l'immeuble.
2. Le Girardin industriel.
3. Le Girardin social : l'objectif est de financer la construction de logements sociaux en accordant des réductions fiscales aux investisseurs.

Le dispositif Girardin industriel accorde une réduction d'impôt aux contribuables qui investissent Outre-Mer dans du matériel industriel donné à la location à des entreprises industrielles, commerciales ou artisanales.

Les déductions fiscales sont spécifiques et il convient de faire appel à un spécialiste afin d'éviter une requalification fiscale.

Quels sont les avantages fiscaux de la loi Malraux ?

La loi Malraux est entrée en vigueur en 1962. Elle a été mise en place par le ministre de la Culture de l'époque, André Malraux, pour favoriser la restauration d'immeubles et de quartiers historiques. La loi Malraux a ensuite fait l'objet de dispositions fiscales spécifiques, d'un cadre juridique et d'une instruction administrative qui ont clarifié son application.

IMPORTANT : un seul dispositif échappe au plafonnement des niches fiscales : la loi Malraux. Il permet des déductions (22 % ou 30 %) sur une enveloppe de travaux (jusqu'à 100 000 € par an) effectués dans un bâtiment classé destiné à la location.

Depuis 2016 le plafond de dépenses ouvre droit au bénéfice de la réduction d'impôt sur une période pluriannuelle et non plus annuelle. Le plafond de dépenses retenu dans la base de la réduction d'impôt passe ainsi à 400 000 € sur quatre années.

Cinq conditions sont à respecter :

- Obtenir une autorisation spéciale de travaux délivrée par la préfecture après avis de l'architecte en chef des Bâtiments de France ou un permis de construire.
- Adhérer à une association foncière urbaine libre.
- Les travaux doivent aboutir à la restauration complète d'un immeuble.
- La restauration doit être réalisée soit à l'initiative de l'investisseur, soit à l'initiative d'une collectivité publique ou d'un organisme délégué à cette fin.
- Les logements restaurés doivent être loués non meublés à usage d'habitation pendant une durée minimale de 9 ans après la fin des travaux.

Cette défiscalisation ne peut concerner que des contribuables imposés aux tranches les plus élevées. Il faut également vérifier que les programmes respectent les conditions contraignantes de la loi. Pour 2020, pas de modifications.

Quels sont les avantages fiscaux de la loi monument historique ?

Trois avantages essentiels

- Déduction de 100 % des travaux de restauration de votre revenu global, 100 % sur 1, 2 ou 3 ans sans limitation de montant.

- Le déficit foncier est 100 % déductible sur le revenu global, y compris la totalité des intérêts d'emprunt.
- Exonération des frais de succession lorsqu'une convention est passée avec le ministère de la Culture.

La défiscalisation dépend également de son utilisation par le propriétaire (résidence principale ou ouverte aux visites du public).

Conditions à respecter

Les travaux de restaurations devront faire l'objet d'une autorisation spéciale de travaux voire d'une déclaration d'utilité publique. Les travaux doivent être suivis par les Architectes des Bâtiments de France.

Pour une défiscalisation maximale, le monument historique doit être ouvert au public. Limite annuelle de déduction de 200 000 € pour les immeubles MH qui ne sont pas ouverts au public.

En résumé quatre avantages :

1. L'investissement n'entre pas dans le Plafonnement des Niches Fiscales.
2. Transmission du bien en exonération totale de droits de succession (même si l'héritier n'appartient pas à la famille du détenteur) pour les immeubles classés ou inscrits à l'inventaire ainsi que les meubles qui en constituent le complément, sous condition de signature par les héritiers ou légataires d'une convention à durée indéterminée prévoyant le maintien dans l'immeuble des meubles exonérés et leurs conditions d'accès au public, ainsi que les conditions d'entretien des biens exonérés. Le monument doit être ouvert au public au moins 80 journées par année (de mai à septembre) ou 60 journées (du 15 juin à fin septembre).
3. L'exonération est également applicable aux parts de SCI, à condition, notamment, que les héritiers ou légataires adhèrent au préalable à la convention conclue entre la société et les ministres de la culture et des finances et conservent leurs parts pendant 15 ans.
4. Possibilité de conserver l'appartement Monument Historique pour son usage personnel (déduction dans ce cas uniquement de 50 % des travaux, mais toujours la possibilité d'imputer le déficit des intérêts d'emprunts et des charges sur le revenu global).

Investissement monument historique et prélèvement à la source :

Dans un premier temps dès que l'achat est réalisé ainsi qu'au moins une partie des travaux, il est possible de calculer le nouvel impôt dû. Dans un deuxième temps il faut se rendre sur le site des impôts, rubrique télépaiement de l'impôt sur le revenu afin de moduler le taux de prélèvement.

Qu'est-ce que le statut de loueur en meublé non professionnel et ses caractéristiques ?

La location en meublé non professionnelle (LMNP) est un statut permettant de se constituer un patrimoine immobilier dans des conditions fiscales avantageuses.

Conditions

Le bail obéit à des règles particulières. Le logement doit être meublé.

Un bail écrit d'un an, ramené à neuf mois pour un étudiant, doit être signé quand le logement constitue la résidence principale du locataire. Il est prorogeable par tacite reconduction. Le bailleur désirant y mettre fin avant le terme doit respecter un préavis de trois mois et justifier du congé par des motivations limitatives : reprise pour vente, se loger lui-même ou un membre de sa famille, non-respect par le locataire de ses obligations.

Les particularités fiscales

Première disposition

Les loyers sont imposés selon le régime des bénéfices industriels et commerciaux. Les recettes imposables sont effacées les premières années grâce à la déduction des charges.

Deuxième disposition

L'amortissement est un terme employé en matière de bénéfices professionnels. Il consiste à déduire du revenu, de façon étalée dans le temps, le coût d'acquisition du bien. Cette déduction est réservée à certains investissements locatifs assortis de conditions spécifiques de location. Il s'agit des régimes Périssol, Besson, Robien et Borloo. L'amortissement annuel du bien peut entraîner un déficit imputable uniquement sur les bénéfices de même nature réalisés au cours de la même année et des dix années suivantes.

Troisième disposition

Quand le bien génère des excédents, il existe le choix entre deux régimes pour la taxation des recettes locatives, si elles ne dépassent pas, en 2018, le nouveau plafond Micro BIC de 70 000 € :

- Le régime « micro-entreprise » bénéfice d'un abattement forfaitaire de 50 % censé couvrir les charges. La taxation porte sur seulement 50 % des loyers.

- Le régime du « réel simplifié » permet d'imputer les charges pour leur montant exact.

Au-delà de 70 000 € (plafond Micro BIC), le régime réel simplifié s'impose.

Le saviez-vous ?
Au-delà de de 15 000 € de TVA dans l'année, l'administration fiscale change automatiquement le régime du réel simplifié au réel normal. Conséquence : au régime réel normal la déclaration de TVA doit être faite et payée tous les mois au lieu du versement de deux acomptes semestriels dans le cadre du réel simplifié.

Quelles conditions remplir pour être loueur en meublé professionnel ?

Le statut de loueur professionnel nécessite de remplir les trois conditions suivantes :

1. Un membre au moins du foyer fiscal doit être inscrit au registre du commerce et des sociétés en qualité de loueur professionnel.
2. Les recettes doivent dépasser 23 000 € TTC par an.
3. Ces recettes doivent être supérieures au montant total des autres revenus d'activité du foyer fiscal (salaires, BIC, BNC, etc.).

Avantages fiscaux du statut

Le statut de loueur meublé professionnel (LMP) permet de déduire du revenu global la totalité des charges foncières. Le statut permet de pratiquer un amortissement et de déduire chaque année de 2 % à 3 % de la valeur du bien hors terrain (soit aux alentours de 80 % du prix d'achat).

Dans la mesure où l'activité en loueur meublé professionnel est exercée depuis 5 ans, et que les recettes annuelles ne dépassent pas 250 000 € sur les deux années civiles précédentes, alors les plus-values de cession du bien sont totalement exonérées d'impôts.

Étant considéré comme un bien professionnel, il bénéficie du même régime que pour la transmission d'entreprise.

Les droits de succession ne sont pas exigibles immédiatement. Pendant cinq ans, les héritiers ne paieront que les intérêts à un taux minoré comme pour les entreprises individuelles.

Les droits seront payés ensuite en vingt versements, étalés sur dix ans.

Si l'investisseur retire de cette activité plus de 50 % des revenus professionnels du foyer fiscal (hormis pensions, retraites, revenus fonciers et revenus de placements financiers), les biens loués n'entrent pas alors dans le calcul de l'IFI.

Qu'est-ce qu'un viager immobilier ?

Dans la vente en viager, l'acquéreur (le débirentier) verse périodiquement au vendeur (le crédirentier) une partie du prix sous forme de rente pendant toute la durée de la vie du vendeur en échange de la nue-propriété (le droit de disposer de son bien à sa guise, et éventuellement de le modifier ou de le détruire), avec éventuellement la jouissance du bien immobilier.

Le débirentier devient ainsi nu-propriétaire du bien vendu en viager et en aura la pleine propriété à la mort du crédirentier, et de son conjoint si la rente est réversible. Dans l'intervalle, le crédirentier peut éventuellement garder l'usufruit (la jouissance) du bien vendu, c'est-à-dire continuer à occuper les lieux.

Le prix de la vente dépendra donc de la durée de vie du vendeur à partir du moment de la conclusion du contrat. Cette durée, inconnue lors de la conclusion, constitue un aléa, condition fondamentale de la validité du contrat. Ainsi, le décès du vendeur dans les 20 jours après la signature de la vente entraîne automatiquement son annulation.

On appelle « bouquet » le montant payé comptant au moment de la signature du contrat. Il n'est pas obligatoire, et il est librement déterminé entre les parties.

Le montant de la rente est fixé librement entre les parties en fonction de la valeur du bien, de l'âge du crédirentier, de son espérance de vie...

La valeur du logement tient compte des réserves que le crédirentier a maintenues sur le logement :

- un viager libre est plus cher qu'un viager occupé : dans ce cas, la valeur de l'immeuble tient compte des prix pratiqués sur le marché immobilier.
- lorsque le viager est occupé, l'acheteur ne dispose pas du droit d'habitation. Il n'est que le nu-propriétaire, l'usufruitier (le vendeur) conserve le droit d'habiter et d'en recueillir les fruits (loyers par exemple).

Pour préserver le pouvoir d'achat du rentier, il est possible de prévoir une clause d'indexation. L'indice de référence est libre, mais en général l'indice est choisi parmi ceux fixés par l'Insee (indice des prix à la consommation, indice du coût de la construction...).

Quelles sont les caractéristiques des SCPI (société civile de placement immobilier) ?

Les SCPI (sociétés civiles de placement immobilier) permettent d'investir dans la pierre en achetant des parts de sociétés civiles investies en immobilier et qui distribuent le plus souvent des revenus locatifs réguliers sous forme de coupons trimestriels.

La SCPI présente deux caractéristiques principales :

1. Selon le principe de la mutualisation, elle permet à des particuliers d'accéder à travers l'acquisition de parts de faibles montants, à un portefeuille d'actifs immobiliers diversifiés aussi bien bureaux qu'habitations acquis sur le marché de l'immobilier.
2. La gestion de ce portefeuille est confiée à une société de gestion, désignée par les statuts et qui a notamment pour rôle de :
   - collecter des capitaux par appel public à l'épargne ;
   - acheter les immeubles et trouver des locataires ;
   - gérer les immeubles ;
   - distribuer les revenus aux associés.

Les SCPI sont transparentes fiscalement (l'investisseur est imposé dans son patrimoine).

Quels sont les avantages et les risques de l'investissement en SCPI ?

Quatre avantages essentiels

Mutualisation de l'investissement en parts face à l'achat en direct d'un bien immobilier.

Financement à crédit jusqu'à 100 % par le biais d'un emprunt in fine.

Revenus réguliers, en général trimestriels, et élevés (5 à 6 % par an) ; à cela s'ajoute éventuellement la revalorisation de la part.

Liquidité grâce à l'organisation d'un marché secondaire des parts permettant aux souscripteurs de revendre leurs parts.

Il est possible d'identifier trois risques :

- **Sur la valeur :** le capital n'est pas garanti. La valeur liquidative de la SCPI suit à la hausse comme à la baisse les fluctuations du marché de l'immobilier. La crise immobilière des années 1990 a montré que la valeur des SCPI pouvait baisser.
- **Sur le rendement :** une baisse des loyers sur le marché de l'immobilier, ou une baisse du taux d'occupation du parc de la SCPI suffit à faire chuter les revenus distribués.
- **Sur la liquidité :** le prix des parts dépend des fluctuations de l'offre et de la demande. il est parfois difficile, selon les SCPI et les périodes, de trouver des acheteurs pour les parts à revendre.

Que sont les OPCI (organisme de placement collectif immobilier) ?

Une ordonnance en date du 13 octobre 2005 a créé sous le nom d'organisme de placement collectif immobilier en abrégé OPCI, ce qu'on peut appeler un fonds immobilier dont la constitution est agréée par l'Autorité des marchés financiers (AMF). Son objet réside dans la distribution aux porteurs de parts, de revenus provenant de la gestion d'un patrimoine immobilier ; la propriété directe peut être directe ou se matérialiser par la détention de parts de société civiles Immobilières (SCI). Les OPCI peuvent également acquérir des valeurs mobilières en direct ou par le biais d'organismes de placement collectif en valeurs mobilières (OPCVM). L'actif du fonds doit être composé d'un minimum de 60 % d'investissements à caractère immobilier. De plus, l'OPCI doit détenir au moins 10 % d'actifs liquides pour pouvoir faire face aux demandes de retraits formulées par les porteurs de parts.

Deux formes possibles

- Première forme : les FPI (fonds de placement immobilier) dont les revenus distribués sont imposables comme des revenus fonciers classiques, de la même manière que les SCPI (société civile de placement immobilier).
- Deuxième forme : les SPPICAV (sociétés de placement à prépondérance immobilière à capital variable) dont les revenus distribués sont imposés comme des dividendes et des plus-values d'actions.

Les OPCI ne sont pas cotés en Bourse. Le capital n'est pas garanti ; l'investisseur n'est pas à l'abri d'une baisse de valeur des actifs de l'OPCI. Bon à savoir : tout comme pour les SCPI, l'assurance-vie peut comprendre des OPCI. L'achat de parts d'OPCI en assurance vie présente l'intérêt de transformer la fiscalité des revenus et des plus-values mobilières en fiscalité de l'assurance vie la facture sera moins élevée à moyen et long terme.

Qu'est-ce que le crownfunding immobilier ?

Le crownfunding immobilier est une forme de financement participatif apparu aux États-Unis à partir des années 2008.

Le système est le suivant : l'investisseur effectue un prêt obligataire afin de financer une opération immobilière.

L'avantage essentiel réside dans la rémunération qui est bien entendue nettement supérieure à celle d'un investissement immobilier classique. On peut espérer des rendements de l'ordre de 7 à 10 %, cette rémunération attrayante étant la contrepartie du risque présenté par le projet. En effet, l'investisseur peut avoir une perte en capital.

Il existe à l'heure actuelle de nombreuses plates-formes d'investissement en crownfunding immobilier.

Attention aux risques présentés par ce type d'investissement, les mauvaises surprises pouvant être au rendez-vous. Afin de minimiser les risques, il convient d'examiner les projets il convient de vérifier la validité des projets.

Assurez-vous que l'opération est réalisée par le biais d'une Société Anonyme Simplifié SAS. En effet, ce type de société permet de limiter les pertes au montant des apports. Dans ce cas vous connaissez exactement l'étendue de votre risque.

Comment utiliser la SCI pour la transmission de patrimoine ?

Définition

Les sociétés civiles sont régies par les articles 1845 à 1870-1 du Code civil.

Une société civile immobilière est constituée par deux associés au minimum et a pour objet la propriété d'un ou plusieurs biens immobiliers destinés à la location (habitation, bureau, boutique).

⚠ *La SCI peut vendre des immeubles, en réserver l'usage à un associé ou à des tiers, mais ces opérations devront rester exceptionnelles. Une SCI dont l'activité serait l'achat-vente de biens immobiliers, serait considérée par l'administration fiscale comme une société commerciale.*

Intérêt patrimonial

L'intérêt essentiel concerne la transmission du patrimoine.

Mécanisme juridique

- Une SCI est créée par les parents et l'apport d'un bien immobilier est fait à cette SCI. Les enfants entrent au capital de la SCI grâce à une donation de parts sociales des parents.
- Autre possibilité, la SCI est constituée avec un faible capital social, les enfants entrent au capital de la SCI à la création de la société qui acquiert un bien immobilier par un emprunt, les parents supportant ensuite les besoins de trésorerie de la SCI par des apports en compte courant.

Minoration des droits de succession

Application d'une décote sur les parts des sociétés civiles immobilières, par rapport à la valeur patrimoniale des biens possédés par cette SCI afin de tenir compte de la faible liquidité des parts des associés compte tenu de l'intuitu personae.

Non-revalorisation par les héritiers d'un associé des comptes courants dont ils héritent. Les droits de succession étant calculés sur la base des apports en numéraires effectués à la SCI. Par voie de conséquence, le bien immobilier acheté par la SCI s'est en principe apprécié, la base d'imposition est donc plus faible.

✎ *La SCI permet de simplifier la transmission d'un bien immobilier unique entre plusieurs enfants ou des biens de valeurs différentes en les regroupant dans le cadre d'une seule structure juridique.*

Quel est l'intérêt d'un démembrement de propriété ?

Un peu d'information

Juridiquement, la propriété se compose de l'usus (droit d'utiliser le bien), le fructus (droit d'en percevoir les fruits), l'abusus (droit de disposer du bien).

La pleine propriété peut être scindée entre le nu-propriétaire qui possède l'abusus et l'usufruitier qui possède l'usus et le fructus. Les droits démembrés sont indépendants l'un de l'autre, mais ni l'usufruitier, ni le nu-propriétaire ne peuvent procéder seuls à la vente du bien démembré. Ce démembrement sera surtout utilisé dans un cadre de transmission familiale du patrimoine lors d'une donation ou d'une succession. Son avantage déterminant sera de réduire la facture fiscale.

Mécanisme

Les parents donnent de leur vivant la nue-propriété d'un bien à leurs enfants, et il conserve l'usufruit. Cette solution permet de continuer à profiter du bien immobilier c'est-à-dire d'y vivre ou de le donner en location pour en tirer un revenu, mais également de préparer « en douceur » la transmission de son patrimoine, en profitant des abattements fiscaux en vigueur concernant les donations.

Deux avantages

1. Les droits de donation sont réduits car ils ne sont pas calculés sur la valeur totale du bien mais sur la seule nue-propriété. Les valeurs respectives de la nue-propriété et de l'usufruit d'un bien sont fonction de l'âge du donateur au jour de la donation ; la valeur de la nue-propriété augmentant en même temps que l'âge du donateur (cf. documentation officielle).
2. Au décès du ou des usufruitiers, les enfants récupèrent le bien en pleine propriété sans avoir de droits à payer.

⚠ *Depuis le 31 juillet 2011, les droits de donation ne bénéficient plus de réduction en fonction de l'âge du donateur pour les donations consenties en nue-propriété avec réserve d'usufruit pour le donateur.*

✎ *Il est possible de pratiquer le démembrement de propriété sur un bien immobilier, mais aussi sur un compte titres. Mais un PEA et un livret d'épargne par exemple ne peuvent pas être démembrés.*

À retenir

- La loi Scellier est remplacée à partir de 2013 par la loi Duflot et maintenant par la loi Pinel. Prorogation jusqu'en 2021.
- Les montants de la réduction d'impôt définis par le dispositif Pinel :
  - 12 % pour un engagement locatif de 6 ans ;
  - 18 % pour un engagement locatif de 9 ans ;
  - 21 % pour un engagement locatif de 12 ans ;
  - jusqu'à 32 % en loi Pinel Outre-Mer.
- La réduction d'impôt se calcule sur le prix de revient du logement, retenu dans la limite de 300 000 € et d'un plafond calculé en fonction de sa surface.
- La loi Pinel rentre dans le plafond global des niches fiscales fixé à 10 000 €.
- Prolongation jusqu'au 31 décembre 2018 du dispositif Censi-Bouvard.
- La loi Girardin bénéficie du plafonnement à 18 000 €.
- Investissement Malraux : cette défiscalisation ne peut concerner que des contribuables imposés aux tranches les plus élevées. C'est quasiment seul investissement échappant au plafonnement des niches fiscales.
- Statut de loueur en meublé non professionnel : se constituer un patrimoine immobilier dans des conditions fiscales avantageuses.
- Statut de loueur meublé professionnel : il s'agit d'une activité professionnelle permettant de déduire du revenu global la totalité des charges foncières et de déduire chaque année de 2 % à 3 % de la valeur du bien hors terrain.
- Les SCPI (sociétés civiles de placements immobiliers) permettent d'investir dans la pierre en achetant des parts de sociétés civiles investies en immobilier et qui distribuent le plus souvent des revenus locatifs réguliers sous forme de coupons trimestriels.
- Les SCPI sont transparentes fiscalement (l'investisseur est imposé dans son patrimoine).
- La SCI est un outil de transmission de patrimoine et permet de minorer les droits de succession.
- Le démembrement de propriété permet à la fois de garder l'usage d'un bien en conservant l'usufruit et de donner la nue-propriété à ses enfants.

Chapitre 2

En savoir un peu plus sur le crédit

Qu'est-ce qu'un prêt amortissable ?

En matière de crédit immobilier, le prêt amortissable est celui accordé dans la plupart des cas par les organismes bancaires et financiers.

Le crédit amortissable consiste à un étalement dans le temps du remboursement du capital emprunté. La durée de remboursement peut varier en général entre 10 ans, 15 ans, 20 ans ou même 30 années.

La tendance actuelle est à l'augmentation des durées. C'est pendant la période de remboursement du prêt (fixée à la signature du contrat) que sont remboursés les intérêts de l'emprunt. Ce type de crédit est celui opté par la plupart des emprunteurs dans la mesure où il permet à l'investisseur de rembourser à la fois une partie du capital et des intérêts.

⚠ *Plus la durée est longue, moins le remboursement du capital est rapide. Ce qui veut dire concrètement que les premières années, l'emprunteur rembourse surtout des intérêts.*

Qu'est-ce qu'un emprunt *in fine* ?

Utilisé le plus souvent dans le cadre d'un investissement immobilier locatif, le prêt in fine permet d'améliorer le rendement global du placement immobilier.

Principe du crédit *in fine*

L'emprunteur ne rembourse le capital emprunté qu'à l'issue de la période de crédit ; ce remboursement se déroule en une fois. Revers de la médaille, les intérêts sont payés sous forme de mensualité portant sur la totalité du capital. Par voie de conséquence, un prêt in fine est plus coûteux qu'un prêt amortissable. Le crédit in fine peut être avantageux dans le cadre d'un investissement immobilier locatif.

En effet, les mensualités de remboursements sont beaucoup plus faibles que pour un prêt amortissable du fait du remboursement unique des intérêts. Le crédit in fine implique parallèlement un effort d'épargne pour constituer le capital dû à l'issue de la période de crédit. L'investisseur réalise alors une épargne sur un contrat d'assurance-vie qui donne lieu à un nantissement au profit de la banque finançant l'opération.

Les intérêts d'emprunt sont déductibles des revenus fonciers. Cela permet à l'investisseur immobilier ayant choisi le crédit in fine *de créer un déficit foncier imputable sur d'autres revenus fonciers voire le revenu global, ce qui allège la note fiscale.*

Faut-il emprunter à taux fixe ou à taux variable ?

Avantages du taux fixe

Le taux du prêt est fixé à la signature du contrat de prêt et ne variera pas, sauf en cas de renégociation de l'emprunt.

Les taux fixes suivent les taux de marché, à une échéance lointaine (10 ans ou plus). Ceci explique pourquoi une hausse des taux sur les marchés financiers, impliquera à brève échéance une augmentation des offres de prêt à taux fixe.

L'avantage essentiel du taux fixe réside dans sa sécurité. La visibilité est bonne puisque dès le départ le montant des mensualités et le coût total du crédit sont connus, quelle que soit l'évolution des marchés financiers en termes de taux.

Inconvénients du taux fixe

L'emprunteur ne peut pas profiter des possibles baisses de taux et se trouve dans ce cas à payer trop d'intérêts par rapport aux conditions du marché. Autre caractéristique : le taux d'intérêt est plus élevé que pour un emprunt à taux variable. La différence, actuellement, est comprise entre 1 point avec les taux révisables plafonnés à 2 points avec les taux révisables sans plafond.

Avantages du taux variable

Le taux de départ est plus faible que pour un prêt à taux fixe (de 1 à 2 points d'écart aujourd'hui).

L'emprunteur profite des possibles baisses de taux qui allégeront les mensualités.

Il existe une possibilité de rembourser l'emprunt par anticipation sans payer de pénalités. Il est intéressant d'inclure dans le contrat de prêt une clause permettant de transformer un taux variable en taux fixe à des conditions proches de celles du marché en cas de hausse des taux.

Inconvénients du taux variable

L'inconvénient majeur du prêt à taux variable est le risque. L'emprunteur est exposé à une hausse des taux et donc à un accroissement du coût du crédit, ce qui peut entraîner des difficultés de trésorerie.

⚠ *Un crédit à taux variable implique que le coût du crédit n'est pas connu à la souscription. Attention aux simulations de vendeurs trop optimistes.*

Quelles sont les conditions du prêt à taux zéro + ?

Pour simplifier, le prêt à taux zéro + est réservé aux personnes qui financent l'acquisition de leur première résidence principale.

Depuis le 1er janvier 2016, le champs d'application a été élargi : il peut s'agir de l'acquisition ou de la construction d'un logement neuf, du financement d'un logement ancien avec travaux ou de la revente d'un logement social à son locataire. À noter que l'achat d'un logement ancien nécessitant des travaux de rénovation de grande ampleur peut être assimilé à un logement neuf dans la mesure où les travaux représentent plus de 25 % du prix d'acquisition.

Le montant maximal possible est de 138 000 €.

Les modifications 2018 : à partir de 2018 et jusqu'en 2021, le PTZ dans le neuf restera proposé dans les zones les plus tendues : A, A bis et B1. Pour les zones B2 et C, et dans les zones rurales, le PTZ dans le neuf est prolongé pour deux ans (2018 et 2019), mais attention : l'enveloppe est limitée à 20 % du montant maximal de l'acquisition, contre 40 % auparavant.

Depuis le 1er janvier 2016, le PTZ bénéficie à plus de ménages (les plafonds de ressources ont été relevés) :

- « l'importance » du foyer fiscal est prise en compte pour la détermination de la durée de remboursement et de son éventuel différé ;
- les montants obtenus sont plus importants dans les zones « tendues », c'est-à-dire là où les prix sont les plus élevés et les besoins de constructions se font sentir.

Par ailleurs, des conditions de ressources ont aussi été introduites : les bénéficiaires devront avoir un revenu annuel inférieur à un barème qui est fonction du quotient familial du ménage acquéreur et de la zone géographique du bien immobilier.

Un logement acquis avec un PTZ accordé à partir du 1er janvier 2016 ne peut pas être mis en location pendant les 6 années suivant le versement du prêt.

Zone géographique

- Zone A : agglomération parisienne, Genevois français et une partie de la Côte d'Azur.
- Zone B1 : agglomérations de plus de 250 000 habitants, grande couronne parisienne, pourtour de la Côte d'Azur, quelques agglomérations chères, outre-mer, Corse et îles.
- Zone B2 : autres agglomérations de plus de 50 000 habitants, communes chères en zones littorales ou frontalières, pourtour de l'Île-de-France.
- Zone C : communes de province non classées en zones A, B1 ou B2.

Pour les différents plafonds il convient de consulter le site du ministère du logement.

Quelles sont les caractéristiques de l'hypothèque rechargeable ?

Le crédit hypothécaire rechargeable ne peut plus être conclu depuis le 1er juillet 2014 et la loi Hamon (sauf pour un but professionnel). Pour information, nous laissons le texte le concernant.

L'hypothèque rechargeable est une forme de garantie hypothécaire qui permet à l'emprunteur de réutiliser son hypothèque pour effectuer d'autres prêts. Le remboursement, même partiel, d'un premier prêt (qui est le plus souvent un prêt immobilier) dégage une « surface de garantie » ou une capacité d'endettement pour de nouveaux emprunts. Les nouveaux crédits, qui peuvent être souscrits auprès d'autres banques, peuvent être des crédits à la consommation ou des crédits pour financer des travaux à domicile ou un autre bien immobilier. En revanche, pour des raisons liées notamment aux risques de surendettement, le rechargement de l'hypothèque ne peut pas garantir un crédit revolving (c'est-à-dire permanent et renouvelable).

Comment ça marche ?

Un prêt immobilier ayant été souscrit, celui-ci est garanti par une hypothèque ; dès qu'une partie de ce prêt a été remboursée, il est possible d'en souscrire un autre. Le montant du nouveau crédit ne peut dépasser les sommes déjà remboursées au titre du premier emprunt.

☞ *Souscription d'un prêt immobilier de 250 000 € : si 100 000 € ont été remboursés, la capacité d'emprunt est reconstituée à hauteur de 100 000 €.*

✎ *La valeur retenue est la valeur d'acquisition du bien hypothéqué et non sa valeur marchande au jour du rechargement de l'hypothèque ; il n'est donc pas possible d'augmenter le volume d'emprunt à mesure que le bien prend de la valeur.*

Formalités à accomplir

La possibilité de rechargement doit avoir été prévue dans l'acte de constitution de l'hypothèque initiale, en passant une convention de « rechargement » d'hypothèque.

Il est également possible de prévoir ultérieurement un avenant. Dans les deux cas, la convention de rechargement doit être passée devant notaire.

Avantages de l'hypothèque rechargeable

L'hypothèque rechargeable est accordée en fonction de la valeur du bien et pas uniquement en fonction des revenus de l'emprunteur. Ce qui permet d'éviter les difficultés d'accès au crédit pour des personnes n'ayant pas des revenus stables.

Autre avantage, les taux de ce prêt, garantis par une hypothèque, sont attractifs en comparaison d'un prêt classique à la consommation.

Inconvénients : attention au surendettement

Dans le cas où l'emprunteur n'a pas soldé son prêt immobilier, il sera obligé d'augmenter le montant des mensualités ou de rembourser sur une durée plus longue pour faire face à son second prêt.

De plus, comme cette hypothèque peut être utilisée pour financer un crédit à la consommation, ce prêt peut servir à financer des dépenses courantes, ce qui n'est pas tenable longtemps financièrement.

À retenir

- Prêt amortissable : plus la durée est longue, moins le remboursement du capital est rapide. En effet, les premières années, les remboursements comportent essentiellement les intérêts.
- Emprunt in fine : l'emprunteur ne rembourse le capital emprunté qu'à l'issue de la période de crédit ; ce remboursement se déroule en une fois. Revers de la médaille, les intérêts sont payés sous forme de mensualité portant sur la totalité du capital.
- Un crédit à taux variable implique que le coût du crédit n'est pas connu à la souscription, donc le risque de mauvaise surprise existe.
- L'hypothèque rechargeable est une forme de garantie hypothécaire qui permet à l'emprunteur de réutiliser son hypothèque pour effectuer d'autres prêts. Elle n'est plus possible que pour les dettes professionnelles

6e PARTIE

LA DIMENSION ASSURANCES ET PRÉVOYANCE

Chapitre 1

Un placement à utilisations diverses : l'assurance-vie

En quoi consiste l'assurance-vie et quels sont ses avantages ?

Le principal avantage de l'assurance-vie est d'être un véhicule à la fois d'assurance et de retraite. Elle peut être également un véhicule de succession et de donation.

Définition

Les contrats d'assurance-vie garantissent à leur titulaire le versement à la personne désignée sur le contrat, le bénéficiaire, des sommes versées au contrat. Le titulaire peut désigner qui il veut (sauf disposition légale) en tant que bénéficiaire.

⚠ *En cas de présence d'héritiers réservataires, ceux-ci peuvent faire valoir le caractère excessif des primes ainsi que le Code des assurances le prévoit (article L. 132-13).*

La disproportion doit s'apprécier au moment du versement de la prime et non pas au moment du décès du souscripteur.

Au cas où l'action en réduction des héritiers serait couronnée de succès : seules les primes sont concernées et non le capital versé au bénéficiaire désigné.

Il peut également désigner une ou plusieurs personnes et leur attribuer des parts sur le capital. À défaut d'une désignation expresse, nominative du ou des bénéficiaires, le contrat comportera une clause type attribuant les capitaux versés sur le contrat au conjoint, à défaut aux enfants, et à défaut aux héritiers. Cela signifie qu'au cas où le conjoint serait déjà décédé au jour de la mort du bénéficiaire, les enfants deviendraient les bénéficiaires. S'il n'y a pas ou plus d'enfants en vie, les fonds seront versés aux héritiers du titulaire. L'assurance-vie est donc un instrument de succession.

Avantage pour la succession

L'intérêt d'utiliser l'assurance-vie pour préparer sa succession est principalement fiscal, puisque le versement des fonds au décès du titulaire est hors des droits de succession dans la limite d'un capital à l'heure actuelle de 152 500 €. Au-delà de ce plafond, l'article 990-I du Code général des impôts soumet ce contrat à une taxation forfaire de 20 % de 152 501 à 852 500 € (soit sur 700 000 €) puis de 31,25 % au-delà.

En outre, l'article 757-B du CGI impose les primes versées par un titulaire âgé de plus de 70 ans effectuées depuis le 20 novembre 1991, si celles-ci dépassent la somme de 30 500 €.

Habituellement, le titulaire se désigne comme bénéficiaire du contrat en cas de vie, c'est-à-dire comme bénéficiaire au jour de la retraite. Mais le bénéficiaire peut également désigner un tiers comme bénéficiaire, même en cas de vie au jour de la retraite. De la même manière que pour la succession, il s'agit alors d'une donation hors droit de donation, non taxée en deçà des 152 500 € de l'article 990-1.

Depuis 2012, la doctrine « Bacquet » prévoyait que la valeur de rachat d'un contrat d'assurance vie non dénoué (c'est le cas lorsque le conjoint du titulaire du contrat décède) et financé par les revenus communs d'un couple, constituait un acquêt de la communauté. Dès lors, cette valeur de rachat devait figurer à l'actif de la succession pour moitié. Cette règle faisait donc une entorse au principe selon lequel l'assurance vie est hors succession.

Depuis janvier 2016, il est mis fin à cette doctrine. Comme le précise Bercy dans son instruction fiscale, « désormais, le décès du premier époux sera neutre fiscalement pour les successeurs, notamment les enfants, les conjoints étant déjà exonérés. Ils ne seront imposés sur le contrat d'assurance vie qu'au décès du second époux et n'auront donc pas à payer de droits de succession dès le décès du premier époux sur un contrat non dénoué.

Quelle est la fiscalité de l'assurance-vie ?

En dehors de la fiscalité des transmissions vue ci-dessus.

Depuis 2018

Deux situations :

- Versements avant le 27 septembre 2017 : imposition des gains à l'impôt sur le revenu (IR) ou application d'une taxe forfaitaire au taux de 35 % avant quatre ans, 15 % entre quatre et huit ans et 7,5 % après huit ans et au-delà de l'abattement annuel de 4 600 € (9 200 € pour un couple marié ou pacsé).
- Versement depuis le 27 septembre 2017 : imposition des gains au prélèvement forfaitaire unique (PFU) ou Flat Tax de 12,8 %, ou sur option à l'IR, durant les huit premières années. Après huit ans et l'application de l'abattement annuel (4 600 €/9 200 €), un prorata est calculé : 7,5 % de PFL jusqu'à 150 000 € de cotisations nettes, puis 12,8 % de PFU au-delà. L'option à l'IR est toujours possible. Les prélèvements sociaux (17,2 %) non retenus au fil du temps (sur les unités de compte et les gains avant 2011 des fonds en euros des contrats multisupports) le sont lors du retrait.

Nouveauté 2020 : les gains des contrats d'assurance-vie souscrits avant le 1er janvier 1983 seront désormais imposés lors d'un rachat. Le régime fiscal des contrats de plus de 8 ans s'applique aux gains constatés lors d'un retrait après les abattements annuels de 4 600 € pour les célibataires ou de 9 200 € pour les couples mariés ou pacsés soumis à déclaration commune.

À compter du 1er janvier 2010, en cas de décès du souscripteur d'un contrat d'assurance-vie multisupports, l'exonération de cotisations sociales dont bénéficiaient jusqu'alors ces contrats est supprimée. Ainsi, les plus-values du contrat d'assurance-vie, constatées lors du dénouement du contrat par décès du souscripteur, sont également soumises aux cotisations sociales CSG + CRDS au total de 17,20 % (depuis octobre 2018).

Les prélèvements sociaux sont depuis 2011 payables dès lors que les plus-values sont inscrites au contrat de l'épargnant (et non plus lors du rachat partiel ou total du contrat).

L'impôt sur la fortune immobilière (IFI) a remplacé l'impôt sur la fortune (ISF) en 2018. Il faut savoir que la part d'immobilier détenue au sein des contrats d'assurance-vie entre en compte dans l'assiette taxable à l'impôt sur la fortune immobilière (IFI).

Y a-t-il des cas d'exonération ?

Oui, dans quelques cas.

Peu importe la durée du contrat, les intérêts sont exonérés d'impôt sur le revenu lorsque le rachat du contrat intervient suite à :

- un licenciement du souscripteur ou de son conjoint ou partenaire de PACS, à condition que l'intéressé soit inscrit comme demandeur d'emploi à Pôle Emploi ;
- la mise à la retraite anticipée du souscripteur ou de son conjoint ou partenaire de PACS ;
- l'invalidité du souscripteur ou de son conjoint ou partenaire de PACS (2e ou 3e catégorie de la Sécurité sociale) ;
- la cessation d'une activité non salariée du souscripteur ou de son conjoint ou partenaire de PACS à la suite d'un jugement de liquidation judiciaire.

Ces exonérations s'appliquent aux intérêts perçus jusqu'à la fin de l'année qui suit la survenance d'un des événements cités.

Les prélèvements sociaux sont dus et retenus à la source sauf pour la mise en invalidité du souscripteur ou de son conjoint (instruction de l'administration fiscale du 28 décembre 2007).

Quelles sont les caractéristiques d'un contrat en euros ?

Un contrat d'assurance-vie en euros est une manière en principe sans risque de placer son épargne. Seul risque d'un contrat en euros : la faillite de la compagnie d'assurances-vie. Dans cette situation extrême, si aucune autre compagnie ne reprend le portefeuille des contrats, un fonds de garantie est prévu. Il couvre chaque assuré à hauteur de 70 000 € au maximum. Le capital est garanti comme l'attestent les valeurs de rachat publiées du contrat. Les intérêts générés chaque année par le capital sont définitivement acquis au souscripteur.

Ce placement doit être considéré comme un placement au moins à moyen terme afin d'amortir les frais d'entrée et d'optimiser la fiscalité. Son fonctionnement est garanti par une compagnie d'assurances-vie. L'épargne est placée dans l'actif général de la compagnie d'assurances ou dans un actif réservé (on dit « cantonné » dans le jargon de l'assurance) à un ou plusieurs produits au sein d'un contrat soit exclusivement en euros - on parle alors de monosupport -, soit dans le fonds euros d'un multisupport, d'autres investissements, en actions par exemple étant proposés (cf. ci-dessous).

Il est possible de détenir plusieurs contrats.

L'argent est-il disponible sur un contrat ?

Il existe un délai de renonciation de trente jours pour récupérer son capital, frais inclus. Ensuite, il est possible de retirer tout ou partie du capital d'un contrat, net des divers frais de gestion, quand le souscripteur le désire. Il faut demander un retrait partiel ou total, dans le langage de l'assurance on parle de « rachat ». Il est possible ensuite de verser à nouveau.

En pratique, il faut faire une demande écrite à son assureur, aller voir son courtier ou distributeur, ou faire l'opération sur Internet pour les contrats qui le prévoient.

Il existe une autre manière de pouvoir utiliser l'argent dont on dispose sur le contrat : demander un prêt à son assureur, le terme utilisé étant celui d'« avance ». L'assureur prête la somme demandée, sans la retirer du contrat qui continue à être rémunéré dans sa totalité. Coût de l'avance : de 0,5 à 3 % selon les contrats.

Quelles sont les caractéristiques des contrats en unités de compte ?

Définition des contrats en unités de compte :

Les contrats d'assurance-vie dits en unités de compte sont des contrats à l'intérieur desquels l'épargne est investie sur des supports financiers (appelés « unités de compte ») dont la nature peut être extrêmement différente.

☞ *Des actions de SICAV, des parts de FCP. Chaque support pouvant être de catégories très variées : actions, obligations, de produits de placement immobilier ou produits monétaires.*

Avantages et spécificités des contrats en unités de compte

L'avantage évident des contrats en unités de compte est de permettre une grande diversité de placements, cela offre la possibilité de mener des stratégies d'investissement variées, avec comme objectif la recherche d'une meilleure performance.

En pratiquant des arbitrages, le souscripteur peut modifier la répartition de son investissement sur les supports choisis selon l'évolution anticipée des marchés financiers.

Cette caractéristique distingue fondamentalement les contrats en unités de compte des contrats monosupport en euros, comportant un unique support d'investissement garanti par l'assureur mais qui n'autorise pas une diversification de l'épargne.

À la différence des contrats en euros, concernant les sommes investies et les intérêts capitalisés, dans les contrats en unités de compte, l'assureur s'engage uniquement sur le nombre d'unités de compte inscrites au contrat et non sur leur valeur; le capital n'est donc pas garanti.

Cette disposition est logique, les unités de compte pouvant fluctuer en fonction des marchés financiers ou immobiliers.

Les contrats en unités de compte présentent donc un risque pour le souscripteur. En cas de baisse des marchés, la valeur du contrat peut, selon les supports choisis, baisser: le souscripteur pouvant au terme du contrat disposer d'un capital global inférieur au montant versé.

Conseil

Le meilleur compromis afin de combiner performance et sécurité est de choisir des contrats d'assurance-vie multisupports, ce terme indiquant qu'il existe à la fois un fonds en euros et des fonds en unités de compte.

Ainsi, une partie de l'épargne est sécurisée sur le fonds en euros, pendant que l'autre est censée « doper » la performance sur les marchés financiers.

Qu'est-ce que le fonds Euro-croissance ?

Créé en 2014, le fonds Euro-Croissance est un fonds permettant de garantir tout ou une partie du capital à une échéance fixée dans un contrat d'assurance-vie multi-supports d'une durée minimale de 8 ans.

Cette échéance permet au gestionnaire du fonds Euro-Croissance de disposer d'une partie de l'épargne et de l'affecter à des placements plus risqués mais donc théoriquement plus rentables. L'autre partie étant sécurisée.

Les primes versées par le souscripteur sont alors représentées par ce que l'on appelle une part de provisions de diversification pour la partie risquée et en euros pour la partie sécurisée.

La loi Pacte tente de les dynamiser en les simplifiant mais les taux bas actuels ne garantissent pas un grand succès à ce type de fonds n'ayant pas eu de collecte importante depuis leur lancement en 2014.

Quelles sont les caractéristiques des contrats NSK ?

Il n'est plus possible de souscrire des bons ou des contrats NSK depuis le 1er janvier 2014, mais la présentation de ceux-ci est laissée pour ceux qui en détiendraient.

Les contrats NSK (Nicolas Sarkozy) ont été mis en place par la loi de finance 2005, en remplacement de l'ancien contrat DSK (Dominique Strauss-Kahn) lancé en 1998. Les contrats NSK sont également appelés nouveaux contrats investis en actions (NCIA).

La raison de leur création est d'encourager l'investissement dans les actions de sociétés européennes et les entreprises innovantes.

Les contrats NSK font partie des contrats d'assurance-vie multisupports, ils sont donc formés de plusieurs supports, en euros et/ou en unités de compte, entre lesquels sont réparties les sommes versées par le souscripteur.

⚠ *Les contrats NSK sont des contrats d'assurance-vie beaucoup plus risqués que les contrats d'assurance-vie investis dans des supports traditionnels mais, plus dynamiques, leur performance peut être beaucoup plus élevée selon les entreprises de taille moyenne (dont les non cotées) choisies.*

Les contrats NSK peuvent être souscrits notamment par des épargnants prêts à prendre des risques et surtout prêts à différer la date de récupération de leur épargne en cas d'évolution défavorable du marché des actions.

Les contrats NSK, de par les risques présentés, sont réservés à des épargnants bien informés.

Les principales règles d'investissement d'un contrat NSK

L'actif, pour ce type de contrat, doit être obligatoirement investi à hauteur de 30 % au minimum en actions (dont 10 % de titres à risque).

- **Composition des 30 % en actions**

À l'intérieur de ces 30 %, les contrats NSK peuvent être investis dans les actions et parts, appartenant aux 6 catégories ci-dessous :

- Les actions cotées, autres que les parts ou actions d'OPCVM, sur un marché réglementé ou organisé d'un État partie à l'accord sur l'EEE (Espace économique européen).
- Les actions ou les parts émises par des sociétés non cotées sur un marché réglementé et organisé et qui exercent une activité commerciale, industrielle ou artisanale.
- Les actions cotées sur un marché réglementé ou organisé d'un État partie à l'accord sur l'EEE, émises par des sociétés de faible capitalisation (< à 150 millions d'euros) dont le fonctionnement est assuré par une entreprise de marché ou une entreprise d'investissement.

Pour ces trois premières catégories d'actions, il faut qu'elles soient émises par des sociétés qui ont leur siège dans un État de l'UE ou dans un État partie à l'accord sur l'EEE et qui sont soumises à l'IS ou taux normal.

- Les actions ou parts d'OPCVM dont l'actif est constitué à plus de 75 % en titres et droits mentionnés dans la première catégorie.
- Les parts de fonds d'investissement de proximité (FIP), les parts et fonds communs de placement à risque (FCPR), de fonds communs de placement dans l'innovation (FCPI), et d'actions de société capital-risque.
- Les parts de fonds ou d'actions de sociétés visées dans la 5e catégorie dont l'actif est constitué à plus de 50 % en titres de sociétés non cotées.

- **Autre contrainte : 10 % minimum en actions plus risquées**

L'actif de l'OPCVM doit être constitué pour 10 % (compris dans les 30 %) au moins :

- De parts de fonds commun de placement à risque (FCPR), fonds d'investissement de proximité (FIP), de fonds commun de placement dans l'innovation (FCPI), et actions de société à capital à risque qui sont pris en compte dans le calcul des 10 % de titres à risque.
- De titres de sociétés européennes non cotées.
- De titres de sociétés européennes cotées de faible capitalisation boursière.

D'autre part, les sociétés non cotées éligibles au quota de 10 % de titres à risque doivent représenter au minimum 5 % des actifs du contrat.

✎ *Les règles d'investissement décrites font qu'un contrat NSK peut être investi à hauteur uniquement de 30 % dans des actions (dont 10 % de titres à risque) et pour 70 % dans des supports en euros.*

Le risque pour l'investisseur est donc bien différent selon l'objectif de gestion défini.

Il importe donc à chaque épargnant de se positionner en fonction de son appétence aux risques et à sa recherche de performance.

La fiscalité des contrats NSK

Les contrats NSK sont exonérés d'impôt, quel que soit le montant, au-delà de 8 ans de détention, en cas de rachat ou de sortie du capital au terme du contrat. Toutefois, les contrats NSK supportent les prélèvements sociaux.

Pourquoi la clause bénéficiaire d'un contrat d'assurance-vie est-elle importante ?

Au sens strict, la clause bénéficiaire est l'élément qui permet d'indiquer la personne qui obtiendra le capital disponible sur le contrat à la mort de l'assuré. L'assuré peut désigner le bénéficiaire de son choix : membre de la famille ou pas, association humanitaire, etc. Les contrats d'assurance-vie proposés par les compagnies d'assurances comportent la plupart du temps une clause type désignant le conjoint puis le(s) descendant(s).

Contrairement à l'idée répandue, cette clause n'est pas adaptée dans de nombreux cas surtout bien entendu lorsque l'assuré veut s'écarter des règles successorales prévues par le Code civil.

✎ *Il est possible de désigner plusieurs bénéficiaires sur un contrat d'assurance-vie.*

Comment rédiger la clause bénéficiaire ?

Les contrats d'assurance-vie dits en unités de compte sont des contrats à l'intérieur desquels l'épargne est investie sur des supports financiers. La clause type prévue par les assureurs est la suivante : « Mon conjoint, à défaut mes enfants, nés ou à naître, vivants ou représentés, par parts égales entre eux, à défaut mes héritiers. ».

Dans la pratique, cette rédaction ne convient pas dans toutes les situations.

Par exemple, la clause est inadaptée pour des partenaires pacsés, a fortiori pour des concubins, les deux n'étant pas considérés comme des conjoints.

Cette clause ne permet pas, si on le souhaite, de rompre l'égalité successorale entre les héritiers.

⚠ *La clause bénéficiaire ne doit pas être susceptible d'interprétation au jour du décès de l'assuré.*

Il est possible, sauf acceptation écrite de la clause par du ou des bénéficiaires, de la modifier en cours de contrat.

Quand peut-on parler de primes excessives en assurance-vie ?

L'expression « prime excessive » vise des versements considérés trop importants et entraînant une « évaporation » de la succession au préjudice des héritiers s'estimant lésés au profit d'une tierce personne, bénéficiaire du contrat.

Le caractère exagéré des primes versées s'appréciera en fonction de différents critères :

- l'âge du souscripteur ;
- son patrimoine ;
- ses revenus ;
- sa situation familiale.

La jurisprudence en la matière considère ainsi qu'il y a primes excessives à partir du moment où l'assuré a versé des sommes dans l'unique but d'avantager le bénéficiaire du contrat de manière disproportionnée par rapport à son niveau de fortune. L'âge avancé auquel est effectué le versement sera un élément de fait permettant de penser que le versement a été effectué pour que le bénéficiaire puisse en profiter et pas les héritiers de l'assuré.

Qu'est-ce qu'une assurance-vie entière ?

Le terme assurance-vie est ici un peu trompeur, il s'agit plus d'une assurance décès.

Par le biais d'un contrat vie entière, l'assureur s'engage à verser un capital à un bénéficiaire en cas de décès de l'assuré. On se trouve devant une assurance décès sans limitation de date.

Pour assurer la garantie, le souscripteur verse une ou plusieurs primes. Ces primes peuvent prendre trois formes :

1. prime unique versée à la signature en une seule fois : vie entière à prime unique ;

2. primes versées pendant une période déterminée : vie entière à primes temporaires ;
3. primes versées toute la vie : vie entière à primes viagères.

L'originalité de l'assurance-vie entière est dans l'engagement de l'assureur à verser au bénéficiaire le montant prévu quelle que soit la date de décès du souscripteur. Cette assurance est donc à distinguer du contrat temporaire décès « classique » qui conditionne l'application de la garantie à une date ou un âge (fixé entre 65 et 70 ans en général) avant lesquels le décès doit nécessairement survenir.

L'assurance-vie entière peut s'analyser en un contrat à durée déterminée prenant fin à la mort du souscripteur.

Au moment du décès de l'assuré, le montant prévu est versé au bénéficiaire désigné dans le contrat. Les capitaux décès prévus sont alors en principe exonérés de droits de succession avec limites vues par ailleurs pour les contrats d'assurances-vie.

Il appartient ainsi au souscripteur de définir le bénéficiaire de la garantie en fonction de ses objectifs, de manière la plus précise possible dans le cadre de la clause bénéficiaire.

Contrairement au contrat temporaire décès, le contrat d'assurance-vie entière peut être racheté par l'assuré. Il peut ainsi demander le versement en sa faveur d'une partie ou de la totalité du capital avant la fin du contrat.

Qu'est-ce qu'une rente éducation ?

Il s'agit d'un contrat d'assurance qui garantit un revenu aux enfants pour qu'ils poursuivent leurs études en cas de décès des parents. Il s'agit du versement d'une rente fixe ou variable, calculée en pourcentage du salaire annuel des parents. La rente éducation est notamment variable dans le cadre des contrats collectifs d'entreprise. Le montant de la prime à payer dépend notamment de l'âge des parents et du montant garanti.

Par exemple, un père âgé de 40 ans qui souhaite garantir une rente annuelle de 10 000 € à chacun de ses deux enfants, devra débourser une prime annuelle de l'ordre de 450/500 €. Âgé de 55 ans, il devra débourser environ 800/900 €.

⚠ *Selon les assureurs, les garanties proposées et la durée de versement de la rente prévue au contrat ne sont pas les mêmes. Si le bénéficiaire ne poursuit pas d'études, les versements sont souvent interrompus à 18 ans. En cas de poursuite d'études, la rente s'arrête en général à 25 ans mais peut aller pour certains contrats jusqu'à 28 ans.*

La rente est revalorisée annuellement. En cas de décès du 2e parent, postérieur ou simultané à celui de l'assuré, la rente peut être doublée. Certains contrats prévoient un doublement en cas de décès accidentel.

Quelles sont les caractéristiques d'une rente survie ?

La rente survie est une solution d'assurance-vie en cas de décès du souscripteur avec le versement d'un capital financier à un ou des bénéficiaires qui sont des particuliers handicapés (avec infirmité et carte d'invalidité).

La rente survie peut aussi prendre la forme du versement d'une rente viagère à la personne handicapée au décès de l'assuré.

L'assurance-vie rente survie bénéficie de réductions fiscales et de défiscalisation pour le souscripteur de ce contrat de rente survie ou d'épargne handicap.

Avantage fiscal

Dans la mesure où le contrat est souscrit en faveur d'une personne à charge du souscripteur, celui-ci bénéficie d'une réduction d'impôt égale à 25 % du montant des versements dans la limite de 1 525 € par an et par foyer fiscal + 150 € par enfant en cas de résidence alternée.

⚠ *La rente survie n'est pas un placement mais une prévoyance pour le futur.*

Ce sont souvent les parents qui contractent à la rente survie pour un enfant handicapé.

Qu'est-ce que le contrat épargne handicap ?

Ce contrat est donc destiné aux personnes présentant une infirmité, afin de leur donner la possibilité de se préparer un complément de revenus pour l'avenir, dans la mesure où elles sont empêchées de percevoir des rémunérations suffisantes.

Pour bénéficier de ce type de contrat, il est nécessaire de prouver, si l'on peut dire, son handicap : par exemple, fourniture d'une attestation d'un accueil en atelier protégé suite à une demande auprès des Maisons Départementales des

Personnes Handicapées (MDPH). Le fait de posséder une carte d'invalidité n'est pas suffisant, il faut que celle-ci ait été délivrée dans le cadre d'un handicap ayant des conséquences sur l'activité professionnelle du souscripteur.

Comme pour la rente survie, ce contrat donne droit à une réduction d'impôts, le souscripteur pouvant, en effet, déduire de ses revenus imposables, jusqu'à 25 % de la cotisation annuelle, dans la limite d'un plafond de 1 525 €, augmenté de 150 € par enfant en cas de résidence alternée.

Quelles sont les caractéristiques des contrats de capitalisation ?

Les couleurs de l'assurance-vie sans être de l'assurance-vie.

Ouvert à tous, le contrat de capitalisation ressemble à une assurance-vie. C'est une sorte de compte épargne alimenté à votre guise, avec une palette de supports financiers variable, du sécurisé, avec l'actif ou fonds en euros, au risqué, avec les fonds d'investissement (SICAV, FCP). Mais, contrairement à l'assurance-vie, les capitaux tombent dans la succession en cas de décès.

Le capital est-il garanti ?

Oui, si l'argent est placé dans le fonds en euros. Les intérêts générés sont alors définitivement acquis à l'épargnant. Pour les sommes investies dans d'autres supports, comme des SICAV ou des FCP, il n'y a pas de garantie.

L'argent est-il disponible ?

Il existe un délai de renonciation de trente jours pour récupérer sa mise, frais inclus. Ensuite, il est possible de retirer tout ou partie du capital présent sur le contrat via un « rachat ». Rien n'interdit ensuite de verser à nouveau. Autre solution : demander un prêt à son assureur, une « avance » en termes techniques.

Combien ça rapporte ?

Pour commencer, des frais sur versements de 3 % en moyenne minorent le capital investi. Ensuite, le rendement dépend du support financier dans lequel l'épargne est placée. Sur un actif en euros, la rémunération résulte du taux minimal garanti par l'assureur et d'une part des bénéfices financiers dégagés par le fonds. Comptez autour de 3,30 % nets pour 2011. En 2019 la situation a changé, rendement est maintenant plutôt autour de 1,60 %. Attention, cette moyenne cache de forts écarts de rendement selon les contrats. Pour l'épargne investie dans les autres supports financiers, la rémunération dépend des marchés boursiers.

Quelle est la règle fiscale ?

Situation jusqu'à fin 2017 : Seul l'argent sortant du contrat est soumis à l'impôt. Tout retrait comprend une partie de l'épargne versée et une part d'intérêts ou de plus-values. Seule cette dernière sera fiscalisée, selon un taux d'imposition réduit au fur et à mesure que le contrat vieillit. Pour les souscriptions effectuées depuis le 26 septembre 1997, il est de 35 % avant les quatre ans du contrat, de 15 % entre quatre et huit ans et de 7,5 % au-delà. Mais, dans ce dernier cas, un abattement annuel sur les intérêts est appliqué : 4600 € pour une personne seule ou 9200 € pour un couple. Il est possible de ne pas opter pour ces taux forfaitaires et d'intégrer les intérêts dans sa déclaration de revenus. Ils seront taxés selon votre tranche marginale d'imposition.

Les prélèvements sociaux de 17,2 % sont toujours dus. Sur les contrats en euros, ils sont pris chaque année sur les intérêts acquis au 31 décembre. Idem sur les fonds en euros des multisupports, alors qu'ils sont dus uniquement lors des retraits sur les autres fonds du contrat.

Quelles sont les caractéristiques de la tontine ?

Le principe de la tontine

Il s'agit de mettre son argent dans un « pot commun » et de le partager au bout de dix ou vingt ans avec les survivants. Cette technique financière inventée par Lorenzo Tonti est un placement atypique réglementé par le Code des assurances.

L'alimentation peut se faire par une prime unique ou par des versements périodiques.

☞ *La suspension des versements périodiques pénalise l'adhérent, et en tout état de cause il est impossible de récupérer son argent avant la fin du contrat.*

Au terme de la durée prévue, chacun perçoit sa part de capital en fonction de ses versements, de son âge et de la durée de son contrat.

Mais aussi, bien sûr, de la qualité de gestion de l'assureur.

Sans vouloir faire de publicité, l'organisme qui gère des tontines est le Conservateur qui crée chaque année une association tontinière d'une durée de vingt ans.

Traitement fiscal

Au terme, le capital majoré des intérêts est taxé selon la fiscalité de l'assurance-vie.

La logique du système de la tontine fait qu'en cas de décès d'un adhérent, son capital est réparti entre les autres membres de l'association. Afin de permettre aux héritiers de récupérer au minimum toutes les sommes versées, une assurance peut être souscrite, permettant ainsi d'être dans la même situation que celle de l'option garantie décès des contrats d'assurance-vie.

À retenir

- Le principal avantage de l'assurance-vie est d'être un véhicule à la fois d'assurance et de retraite. Elle peut être également un véhicule de succession et de donation.
- L'imposition des plus-values des contrats d'assurance-vie est liée à l'ancienneté du contrat.
- Un contrat d'assurance-vie en euros est une manière en principe sans risque de placer son épargne.
- Il est possible de retirer tout ou partie du capital d'un contrat soit en demandant un retrait partiel ou total, soit en demandant un prêt à son assureur, le terme utilisé étant celui d'« avance ».
- Les contrats d'assurance-vie dits en unités de compte sont des contrats à l'intérieur desquels l'épargne est investie sur des supports financiers divers. Le capital n'est pas garanti.
- Assurance vie entière : l'assureur s'engage à verser un capital à un bénéficiaire en cas de décès de l'assuré. On se trouve devant une assurance décès sans limitation de date.
- La rente éducation permet de financer les études des enfants.

Chapitre 2

Les charmes de l'épargne salariale

Qu'est-ce qu'un plan d'épargne entreprise ?

Le PEE est un dispositif d'épargne salariale utilisable par toutes les entreprises comptant au moins un salarié et il est ouvert à toutes les catégories de salariés.

Les chefs d'entreprise employant d'un à deux cent cinquante salariés peuvent bénéficier du PEE.

Le PEE est un dispositif leur permettant de se constituer, avec l'aide de l'entreprise, une épargne investie en valeurs mobilières.

Mise en place du PEE

Par un accord d'entreprise ou par décision unilatérale de l'employeur.

Le PEE comporte un règlement qui précise notamment sa durée, la nature des sommes pouvant être affectées, les modalités de l'abondement.

Alimentation du PEE

La participation, tout ou partie de l'intéressement, les versements volontaires de l'adhérent, l'abondement de l'entreprise.

Qu'est-ce que l'abondement ?

L'abondement est une somme que l'entreprise verse en complément de celle placée volontairement par l'adhérent. Si l'abondement est facultatif, l'employeur doit malgré tout apporter une aide (au minimum la prise en charge des frais de gestion).

L'abondement peut aussi aller jusqu'au triple du versement de l'adhérent sans pouvoir excéder 8 % du plafond annuel de la Sécurité sociale (PASS) et 14,4 % quand les sommes sont placées en titres de l'entreprise.

Les versements volontaires, l'intéressement et la participation peuvent être abondés par l'employeur.

Une fois à la retraite, un salarié peut continuer à faire des versements sur son PEE. En revanche, il ne peut plus bénéficier de l'abondement.

Les sommes investies sont-elles bloquées ?

Les sommes placées sont bloquées pendant cinq ans. Ce délai court à compter de chaque versement. La loi prévoit des cas de déblocage anticipé intervenant lors d'événements importants :

- mariage ou conclusion d'un PACS ;
- naissance ou adoption d'un troisième enfant ;
- divorce, séparation ou dissolution d'un PACS ;
- invalidité, décès ;
- cessation du contrat de travail (par licenciement ou démission) ;
- création ou reprise d'entreprise ;
- acquisition ou agrandissement de la résidence principale ;
- surendettement.

Quels sont les avantages fiscaux du PEE ?

Pour l'entreprise

L'abondement est déductible des bénéfices imposables de l'entreprise.

L'abondement n'est pas soumis aux charges sociales patronales. Il supporte sur la totalité des sommes versés (sans abattement pour frais professionnels) :

- La CSG au taux de 9,2 % ;

- La CRDS au taux de 0,50 % ;
- Le taux normal du forfait social est de 20 %.

⚠ *Afin de favoriser le développement des dispositifs d'épargne salariale, le forfait social est supprimé depuis le 1er janvier 2019 sur :*

- *l'intéressement, pour les entreprises de moins de 250 salariés ;*
- *la participation et l'abondement employeur pour les entreprises de moins de 50 salariés.*

Le taux de forfait social est réduit à 10 % pour l'abondement effectué dans le cadre du Plan d'épargne d'entreprise pour l'acquisition de titres par le salarié.

Pour les salariés

L'abondement s'analyse comme une prime (sans charges sociales) accordée par l'employeur. Il est fonction des versements du salarié dans la limite de la règle fixée.

L'abondement versé dans le PEE est exonéré de l'impôt sur le revenu et des cotisations salariales (hors CSG et CRDS).

Les revenus et plus-values des placements sont exonérés d'impôt sur le revenu mais soumis aux prélèvements sociaux (CSG, CRDS et PS).

⚠ *Pour les gains relatifs aux titres acquis avant 2018, le système du taux historique s'applique (taux en vigueur au moment de la réalisation des plus-values, par exemple 15,5 %).*

Qu'est-ce qu'un PERCO ?

À compter du 1er octobre 2020, le PERCO ne pourra plus être mis en place dans les entreprises. Nous laissons les explications pour ceux qui en possèdent. En effet, si vous avez déjà un PERCO, vous pourrez continuer à y effectuer des versements ou transférer votre épargne vers un nouveau Plan d'Épargne Retraite.

La formule du plan d'épargne pour la retraite collectif (PERCO) offre la possibilité aux salariés qui le désirent de se constituer un complément de retraite (Code du travail, article L. 3334-2).

⚠ *Les PERCO peuvent être institués uniquement dans les entreprises disposant déjà d'un plan d'épargne d'entreprise ou d'un plan d'épargne interentreprises.*

Ils sont mis en place par accord collectif au niveau de l'entreprise ou d'un groupe d'entreprises.

Ils peuvent également être créés à l'initiative de l'employeur. Dans les entreprises dotées d'un délégué syndical ou d'un comité d'entreprise, l'employeur doit ouvrir préalablement une négociation. Ce n'est qu'en cas d'échec de cette négociation que le plan peut être mis en place sur décision unilatérale de l'employeur.

Comment est alimenté le PERCO ?

Il est alimenté par :

- les sommes issues de l'intéressement ou de la participation ;
- les versements volontaires des salariés. Ceux-ci sont limités à 1/4 de la rémunération annuelle de l'intéressé ou 1/4 du plafond annuel de la Sécurité sociale pour les conjoints collaborateurs, les associés du chef d'entreprise ou les salariés n'ayant perçu aucune rémunération au cours de l'année (salariés en congé sabbatique, par exemple) ;
- les sommes complémentaires versées par l'entreprise. Ces abondements annuels (versement initial + sommes complémentaires) sont limités à 16 % du plafond annuel de la Sécurité sociale par salarié - PERCO/PERCOI : 16 % du PASS soit 6 178,56 €. Ils ne doivent pas, par ailleurs, excéder 3 fois la contribution du salarié ;
- le transfert de fonds provenant d'un plan d'épargne d'entreprise (PEE) ou d'un plan d'épargne interentreprises (PEI) ;
- les droits inscrits sur un compte épargne-temps.

Comment les sommes placées sur le PERCO sont-elles récupérées ?

Les sommes accumulées sur les comptes des participants sont bloquées jusqu'au moment de leur départ à la retraite.

La récupération des sommes se fait sous forme de rente viagère. L'accord peut également prévoir un versement unique.

Il existe des cas de récupération des sommes avant la retraite :

- décès du bénéficiaire, de son conjoint ou de son partenaire de PACS ;
- expiration des droits à l'assurance chômage du titulaire du plan ;
- invalidité à 80 % au moins du bénéficiaire, de ses enfants, de son conjoint ou de son partenaire de PACS ;

- surendettement ;
- acquisition d'une résidence principale ou remise en état de cette résidence endommagée suite à une catastrophe naturelle reconnue par arrêté ministériel.

Qu'est que la loi Pacte ?

À partir du 1er octobre 2019, la loi Pacte remplace les différents plans existants, dont le PERP, par un plan unique dédié à l'épargne retraite, le PER, qui regroupera :

1. Un plan d'épargne individuelle, correspondant au PERP et au contrat Madelin pour les indépendants.
2. Un plan facultatif dédié à l'épargne collective dans l'entreprise, correspondant au PERCO.
3. Un plan pour certaines catégories de salariés, remplaçant les articles 83.

⚠ *Les produits d'épargne retraite qui existaient jusqu'alors, comme le PERP, seront fermés à la commercialisation à partir du 1er octobre 2020. Les plans existants pourront cependant être conservés.*

Objectifs

Ce regroupement dans un produit commun à tous doit faciliter la portabilité de l'épargne retraite et encourager la concurrence. Les transferts de PER seront gratuits dès lors qu'ils auront été détenus au moins cinq ans. Dans le cas contraire, les frais seront plafonnés à 1 % du montant arbitré.

À retenir

- Le PEE est un dispositif d'épargne salariale utilisable par toutes les entreprises comptant au moins un salarié et il est ouvert à toutes les catégories de salariés.
- Le PEE est un dispositif leur permettant de se constituer, avec l'aide de l'entreprise, une épargne investie en valeurs mobilières.
- L'abondement est une somme que l'entreprise verse en complément de celle placée volontairement par l'adhérent.
- Les sommes placées sont bloquées pendant cinq ans. La loi prévoit des cas de déblocage anticipé.
- Avantages fiscaux du PEE :
  - pour l'entreprise, l'abondement est déductible des bénéfices imposables de l'entreprise et non soumis aux charges sociales mais il est assujetti au forfait social ;
  - pour le salarié, les revenus et plus-values des placements sont exonérés d'impôt sur le revenu mais sont soumis aux prélèvements sociaux (CSG, CRDS et PS).
- La formule du plan d'épargne pour la retraite collectif (PERCO) offre la possibilité aux salariés qui le désirent de se constituer un complément de retraite.

Avec la loi PACTE

- Le PER (Plan d'épargne retraite) est un nouveau dispositif disponible depuis le 1er octobre 2019.
- Cette nouvelle solution d'épargne remplace les dispositifs retraite existants (PERP, Madelin, PERCO, Article 83).

Chapitre 3

Et si on parlait un peu des retraites et des manières de les améliorer...

Quelles sont les conséquences des nouvelles dispositions en termes de retraite ?

Petit historique des évolutions depuis la réforme de 2010

À partir de 2012, les conditions de départ à la retraite sont encore modifiées. Modification essentielle qui conditionne le reste : le passage de l'âge légal à 62 ans sera effectif en 2017 et non en 2018 comme prévu dans la réforme de 2010. Concrètement : les générations nées entre 1952 et 1956 devront retarder de quelques mois leur départ afin de pouvoir faire liquider leur retraite : 1 mois supplémentaire pour ceux nés en 1952 ; 2 mois supplémentaires pour ceux nés en 1953 ; 3 mois de plus pour ceux nés en 1954 et 4 mois pour ceux nés en 1955.

L'impact sur le taux plein

La réforme de 2010 prévoit que l'âge pour obtenir le taux plein passerait progressivement de 65 ans à 67 ans, selon le même calendrier que celui prévu pour le relèvement de l'âge minimal de la retraite. Il est logique de penser que l'âge pour bénéficier du taux plein passera à 65 ans et 9 mois pour la génération 1952, à 66 ans et 2 mois pour celle de 1953... et 67 ans pour ceux nés en 1955 et après.

⚠ *Les personnes nées entre 1952 et 1955 ont dans certains cas racheté des trimestres afin de pouvoir partir en retraite dès l'âge d'ouverture atteint. Les nouvelles dispositions rendent sans objet ces rachats. La question qui se pose est la suivante : remboursement (comme cela avait été fait lors de la réforme de 2010) ou non-remboursement.*

✎ *Les dispositifs dont les conditions d'application sont dépendantes de l'âge de la retraite seront touchés par l'accélération des impacts de la réforme. Il s'agit notamment de la surcote, le cumul emploi-retraite, la retraite progressive.*

⚠ *Une commission d'experts, pas encore nommée, sera chargée au début de l'année 2013 de proposer « différentes pistes de réforme à plus ou moins long terme ».*

Quelles sont les modifications intervenues en 2014 ?

Les 5 points essentiels :

- Création d'un compte pénibilité retraite

À compter du 1er janvier 2015, chaque salarié du secteur privé exposé à des facteurs de risques professionnels bénéficiera d'un compte personnel de prévention de la pénibilité. Ce compte permettra de cumuler des points en fonction de son exposition à un ou plusieurs facteurs de pénibilité au travail : manutention de charges lourdes, postures pénibles, exposition à des agents chimiques dangereux, températures extrêmes, travail de nuit, etc. Le titulaire du compte de pénibilité pourra décider d'affecter tout ou partie des points cumulés pour bénéficier d'un abaissement de l'âge de départ à la retraite.

À signaler : le calcul et l'application seront très complexes à mettre en place dans l'entreprise.

- Allongement de la durée d'assurance minimale

La durée d'assurance cotisée minimale (nombre de trimestres cotisés) requise pour bénéficier d'une pension de retraite de base à taux plein, est augmentée de 166 à 172 trimestres à raison d'un trimestre supplémentaire tous les 3 ans ; pour les assurés nés entre 1958 et 1973 (avant 1958 on y échappe).

- Validation d'un trimestre de cotisation retraite

Pour valider un trimestre de cotisation retraite, il sera nécessaire d'avoir cotisé sur un revenu équivalant à 150 heures de Smic brut, au lieu de 200 heures précédemment. Ainsi, pour valider 4 trimestres de cotisation retraite sur une année, nécessité d'avoir un revenu annuel minimum de 600 fois le Smic horaire.

- Prise en compte de la période de formation

il sera possible de racheter des trimestres au titre des années d'études supérieures à des conditions préférentielles dans un délai de 10 ans suivant la fin des études ; les stages en entreprise ayant donné lieu à gratification et au versement de cotisations sociales pourront donner droit à des trimestres.

- Revalorisation des pensions de retraite

À compter de 2014, la date de revalorisation annuelle des pensions de retraite en fonction de l'inflation est reportée au 1er octobre (au lieu du 1er avril précédemment). Bon pour les caisses... moins pour les retraités.

Suite au prochain numéro...

Les trois nouveautés 2018

Première nouveauté : les pensions de retraite voient en 2018 leur taux de CSG augmenté de 1,7 point, de 6,6 % à 8,3 %. Leurs montants nets seraient par voie de conséquence diminués. Les retraités dont le revenu fiscal de référence (RFR, inscrit sur le dernier avis d'imposition) ne dépasse pas, en 2018, 14 404 € (pour un foyer avec une part fiscale, 22 096 € avec deux parts), ne subiront pas cette hausse de la CSG.

Deuxième nouveauté : les pensions de retraite de base ne seront pas augmentées en 2018. Prochaine revalorisation 1er janvier 2019.

Troisième nouveauté : seule mesure favorable : hausse de 30 € du minimum vieillesse.

Quelles sont les modifications essentielles prévues par la réforme des retraites en 2020 ?

Petite analyse du projet, étant entendu que les dispositions définitives ne sont pas encore adoptées au moment de la rédaction de cet ouvrage.

Deux réformes sont prévues par le projet.

La réforme paramétrique

La réforme paramétrique est la réforme des paramètres du système de retraite, dans le but de d'arriver à un équilibre financier à long terme. Plusieurs paramètres peuvent être ajustés pour ce faire: l'âge légal de départ, la durée de cotisation, le montant des cotisations. Le problème réside dans le vieillissement de la population française, qui déséquilibre le rapport entre actifs et retraités.

Panorama des différentes mesures envisagées:

1. une modification du taux de cotisation;
2. une révision des conditions de majoration pour naissance;
3. une modification du calcul de la pension de réversion;
4. l'âge pivot: c'est le paramètre le plus commenté et le plus décrié, fixé à 64 ans, avant lequel tout départ implique un malus sur la pension de 5 % par an, et après lequel tout départ implique un bonus analogue.

Précisions: À l'heure actuelle, l'âge moyen de départ en retraite au régime général est de 63,4 ans, hors mécanismes de départs anticipés (contre 61,7 ans en 2010). Ces chiffres signifient que les départs en retraite sont plus tardifs et bien souvent au-delà de l'âge légal de 62 ans. Important: si le départ est fait sans avoir un nombre suffisant de trimestres, la pension est amputée. Demain, avec le mécanisme de l'âge pivot à 64 ans, il sera toujours possible de partir à l'âge légal de 62 ans, mais la pension sera réduite de 10 %. En réalité, ce mécanisme de l'âge pivot a les mêmes effets qu'un allongement de la durée de cotisation.

La réforme systémique

Actuellement

Les régimes de base appliquent un système par annuités, dans lequel l'assuré doit cumuler des trimestres (en travaillant, en étant au chômage, en étant en congé maternité, etc.). Au moment de faire valoir ses droits à la retraite, le salaire annuel moyen (calculé sur les 25 meilleures années pour le privé, ou sur les 6 derniers mois pour certains régimes spéciaux) est multiplié par un taux dépendant du nombre de trimestres obtenus, et ramené à la durée de cotisation à atteindre. Au chiffre ainsi calculé pour la retraite de base s'ajoute la retraite complémentaire (dont certains régimes, comme l'AGIRC-ARRCO appliquent déjà un système par points) et une éventuelle retraite supplémentaire, type retraite chapeau, contractée librement par les employeurs.

Demain

La réforme systémique veut remplacer le système par annuités par un système par points, beaucoup plus simple. L'exemple donné est le suivant; 10 € de cotisations versées donnent droit à un point, et chaque point donne droit à 0,55 € de retraite par an. Le calcul de la retraite devient en conséquence extrêmement simple: nombre de points acquis x valeur du point = retraite annuelle.

Concrètement on supprime les concepts de durée de cotisation, de distinction entre la retraite de base et la retraite complémentaire, de salaire annuel moyen... ainsi que l'existence des régimes spéciaux. L'assuré acquiert des points. Ces points donnent les mêmes droits à tous.

L'inquiétude actuelle provient essentiellement du fait que dans le nouveau système, le nombre de points acquis est proportionnel au salaire. En pratique, l'acquisition de points sur 43 ans de carrière, incluant les années les plus faibles, doit s'avérer moins avantageuse que la prise en compte des 25 meilleures années de salaire seulement. En clair : la pension moyenne risque d'être plus faible.

Quels sont les impacts des dernières réformes sur les majorations familiales ?

Premier impact

Les parents qui ont encore un ou plusieurs enfants à charge au moment de leur départ en retraite peuvent désormais prétendre à l'AGIRC comme à l'ARRCO à une majoration de leur retraite de 5 % par enfant à charge (jusqu'à maintenant, cette majoration n'existait que dans le régime ARRCO).

Deuxième impact

Les majorations familiales accordées aux parents d'au moins trois enfants - ou qui ont élevé au moins trois enfants pendant 9 ans avant leur 16e anniversaire - sont maintenant identiques dans les régimes ARCCO et AGIRC : elles sont égales à 10 % du montant de la pension mais uniquement pour la partie correspondante aux points acquis à partir du 1er janvier 2012. Pour la partie de carrière antérieure au 1er janvier 2012, les anciennes règles continuent à s'appliquer.

Troisième impact

La majoration pour enfants est maintenant plafonnée à :

- l'ARRCO à 1 031,15 € (valeur depuis le 1er avril 2013) ;
- l'AGIRC à 1 028,12 € par an (valeur depuis le 1er avril 2013).

Ce plafond s'applique en principe à toutes les pensions liquidées à compter du 1er janvier 2012, y compris les pensions de réversion. Toutefois, ce plafond n'est pas applicable aux assurés nés avant le 2 août 1951 qui demandent le versement de leur retraite à partir du 1er janvier 2012, ni aux conjoints survivants qui obtiennent une pension de réversion à compter de cette date, si la retraite de leur conjoint décédé avait pris effet avant le 1er janvier 2012.

Concrètement: Les nouvelles règles auront un impact négatif pour les cadres, en effet dans le régime AGIRC le taux de majoration allait de 8 % pour 3 enfants à 24 % pour 7 enfants et plus.

Quels sont les points essentiels à connaître sur la réversion de la retraite au conjoint ?

Les conditions d'attribution des pensions de réversion varient sensiblement d'un régime à l'autre et leur versement n'est jamais déclenché automatiquement. Il est nécessaire d'en faire faire la demande auprès des caisses auxquelles l'assuré avait cotisé tout au long de sa vie professionnelle.

Première situation : les régimes de base

Dans les régimes de base des salariés, des commerçants et artisans, et des professions libérales, la pension de réversion représente 54 % de la retraite du conjoint décédé (ou de celle qu'il aurait eue).

Le conjoint survivant peut en bénéficier quelle que soit la durée de son mariage avec son conjoint décédé, même s'il est remarié.

Plusieurs conditions toutefois pour la percevoir: il faut avoir au moins 55 ans, et les ressources doivent être inférieures à 20 550,40 € pour une personne seule en 2018 ou 32 880,64 € s'il vit en couple, qu'il soit ou non marié.

Deuxième situation : les régimes complémentaires

Dans les régimes complémentaires, la pension de réversion est égale à 60 % de la retraite du conjoint décédé et son versement est en principe lié à une double condition d'âge minimum (55 ou 60 ans selon les régimes) et de non-remariage.

Une situation spéciale : la Fonction publique

Dans la Fonction publique, la pension de réversion est égale à la moitié de la retraite que l'assuré percevait ou aurait perçue. Il n'y a pas de condition de ressources, ni d'âge minimum. Mais pour en bénéficier, il faut ne pas être remarié ou vivre maritalement (PACS ou union libre). Si présence d'au moins un enfant, il n'y a pas de condition de durée de mariage. Dans le cas inverse, alors le conjoint survivant devra avoir été marié pendant au moins 4 ans avec l'assuré pour pouvoir prétendre à une pension de réversion.

⚠ *La pension de réversion concernant le conjoint exclut les partenaires de PACS ou les concubins. Sous cette réserve, les droits à réversion sont ouverts aux femmes comme aux hommes, qu'ils soient inactifs, encore en activité, ou qu'ils soient déjà retraités.*

Qu'est-ce que la loi Pacte et son incidence sur l'épargne retraite ?

La loi Pacte influe de manière très importante l'épargne retraite.

Tout d'abord, elle simplifie les produits retraite, les produits d'épargne retraite et relance l'épargne salariale.

Nous verrons de manière plus précise les nouvelles mesures qui visent à simplifier les contrats d'épargne retraite par une uniformisation des règles applicables aux différents dispositifs existants (PERP, PERCO, Madelin, Article 83).

Ensuite, grande nouveauté, elle permet une portabilité intégrale pour s'adapter aux différentes situations d'un épargnant, afin que son contrat d'épargne retraite puisse suivre l'ensemble de sa carrière avec ses aléas.

Pour finir, un point fondamental qui était réclamé, la loi Pacte permet aux épargnants une sortie en capital et non en rente viagère.

Quelles sont les caractéristiques du nouveau Plan d'Épargne Retraite ?

La loi Pacte entraîne la création d'un nouveau produit, le Plan d'épargne retraite. Il s'agit, si l'on peut dire, d'un produit « ombrelle » puisqu'il se décline en plusieurs compartiments qui pourront se trouver au sein d'une enveloppe PER détenue dans l'établissement choisi.

Trois compartiments :

1. PER individuel : il remplace le PERP, accessible à tous, et le contrat Madelin, réservé aux travailleurs non salariés. Il sera accessible à tous, par le biais d'une souscription individuelle. En pratique, il pourra prendre la forme d'un contrat d'assurance ou d'un compte-titres. Le PER pourra donc être ouvert auprès d'une banque ou d'un assureur.

2. PER entreprise collectif : il remplace le plan d'épargne salariale dédié à la retraite, appelé PERCO. Comme pour le PERCO ou le Plan épargne entreprise (PEE), il faudra que l'entreprise ait mis en place un dispositif d'épargne salariale pour souscrire un PER collectif. Il sera ensuite alimenté par l'intéressement, la participation, la conversion de droits CET (compte épargne temps), éventuellement les jours de repos non utilisés, ou des versements volontaires.
3. Le PER obligatoire remplace le PER-Entreprises, ou « article 83 », contrat d'assurance vie collectif ouvert par l'entreprise au nom de ses salariés.

Quelle est la fiscalité du nouveau Plan d'Épargne Retraite ?

Il faut distinguer les versements volontaires d'une part et les versements de l'employeur d'autre part.

1. Les versements volontaires sur un PER, collectif ou individuel, permettront de réduire le revenu imposable, comme c'était le cas pour les PERP ou les Madelin. Cela sera vrai quel que soit le compartiment affecté.
2. Les sommes provenant de l'employeur (intéressement, participation, versement obligatoire), n'entraîneront pas de droit à déductibilité, mais elles resteront exonérées d'impôt sur le revenu.

⚠ *Le PER offre une liberté totale de choix, entre sortie en capital et sortie en rente viagère, pour les sommes issues de versements volontaires ou de l'épargne salariale (intéressement, participation et abondements employeurs).*

Seule exception : les versements obligatoires de l'employeur sur le PER obligatoire ne permettront d'effectuer qu'une sortie en rente viagère.

✎ *Possibilité de sortie anticipée en cas d'acquisition de la résidence principale, pour un PER individuel ou entreprise. Cette modalité de sortie anticipée s'ajoute aux cas de déblocage anticipés déjà prévus pour les produits existants : décès du conjoint, invalidité, surendettement, expiration des droits au chômage.*

Fiscalité à la sortie

Première situation : à l'échéance

En cas de sortie en rente à l'échéance du PER, donc à l'âge de la retraite, s'appliquera sans le barème concernant les rentes viagères.

Quid de la sortie en capital ?

Les règles ne sont pas simples.

À la retraite, les versements volontaires qui auront profité d'une déduction au moment du versement seront soumis à l'impôt sur le revenu et aux cotisations sociales. Précisions : l'administration fiscale devrait séparer ce qui correspond aux versements (imposition au barème progressif) des plus-values (imposition au prélèvement forfaitaire unique).

L'impôt sur le revenu sera aussi dû en cas de sortie anticipée du PER pour acquisition de la résidence principale, mais pas pour l'un des autres motifs de déblocage anticipé (décès du conjoint, etc.).

Les sommes provenant de versements réalisés par l'employeur sur le compartiment PER d'entreprise collectif, via l'intéressement ou la participation seront, elles, exonérées d'impôt sur le revenu, même en cas de sortie en capital. Les gains seront tout de même soumis aux cotisations sociales.

Que deviendront les anciens contrats ?

Il sera possible d'ouvrir un PERP, un « Madelin » ou un Perco jusqu'au 1er octobre 2020, après quoi ils ne seront plus commercialisés, laissant ainsi place aux uniques PER, individuels ou collectifs. Toutefois les PERP et contrats Madelin pourront continuer ou être transformés en PER.

Qu'est-ce qu'un PERP ?

Comme indiqué ci dessus, les nouveaux Plans d'épargne retraite (PER) sont disponibles depuis le 1er octobre 2019. Ceux qui possèdent un PERP peuvent transférer leur épargne sur un PER individuel ou vers le PER mis en place dans leur entreprise. Le PERP ne sera plus proposé à partir du 1er octobre 2020. Les informations ci-après sont laissées pour les épargnants qui en ont un.

Le PERP est un contrat d'épargne retraite individuel, qui rentre dans la grande famille des produits de retraite par capitalisation. Comme les assurances-vie ou les contrats retraite Madelin, le PERP est un contrat d'assurance dont le cadre fiscal et juridique est fixé par le législateur, mais dont les caractéristiques techniques et financières peuvent varier selon les distributeurs. En tant que produit d'épargne, le PERP reprend la même structure que l'assurance-vie : frais, caractéristiques techniques, offre financière et de modes de gestion. Ainsi, il n'y a aucune obligation de versements réguliers sur un contrat PERP.

Le plan d'épargne retraite populaire, dit PERP, est un contrat d'épargne retraite long terme créé en 2003 par la loi Fillon sur la réforme des retraites. Le PERP a comme principal atout sa fiscalité : les versements effectués sont déductibles du revenu imposable (dans une certaine limite). En contrepartie de cet avantage, les fonds investis sont bloqués jusqu'au départ en retraite, l'épargne placée sur le contrat n'est donc pas disponible.

Caractéristiques du PERP

À la grande différence de l'assurance-vie, l'épargne investie sur un PERP est bloquée jusqu'au terme, c'est-à-dire jusqu'à l'âge de la retraite. Un PERP ne peut pas être clôturé sauf dans des cas exceptionnels : décès ou invalidité du souscripteur et expiration des droits à l'assurance chômage. C'est la contrepartie des avantages fiscaux détaillés plus bas.

Quand et comment vous est restituée votre épargne ?

Dès que vous commencez à percevoir votre retraite du régime général et que vous avez au moins 60 ans, l'épargne que vous avez accumulée avec votre PERP vous est restituée sous forme de rente viagère. Le montant de la rente sera calculé en fonction du montant épargné et des plus-values générées. Le montant de la rente sera fixe jusqu'à votre décès.

Contrairement à l'assurance-vie, il est possible de transférer un PERP dans un autre établissement. L'établissement gestionnaire peut prélever des frais de transfert, mais uniquement si le PERP a moins de 10 ans, ces frais ne pouvant dépasser 5 % de la valeur de transfert du plan.

Le capital est-il garanti sur un PERP ?

Comme les contrats d'assurance-vie, les PERP sont dans la majorité des cas des contrats multisupports, composés d'un fonds euros et d'unités de compte. À vous donc de définir le niveau de risque que vous êtes prêt à prendre, en répartissant comme vous le souhaitez votre épargne sur le fonds euros ou les unités de compte. Si vous souhaitez un investissement 100 % garanti, le fonds en euros répondra à vos attentes. Mais n'oubliez pas que les PERP sont des contrats long terme que vous garderez pendant 10, 20, voire 30 ans. Sur le long terme, le risque des unités de compte est limité, il peut être intéressant de dynamiser son épargne.

Quelle est la fiscalité du PERP ?

Les avantages fiscaux à l'entrée du PERP

Pour les versements effectués en 2019, le plafond est égal au plus élevé des deux montants suivants :

- *10 % des revenus professionnels de 2018, nets de cotisations sociales et de frais professionnels, avec une déduction maximale de 31 786 € ;*
- *ou 3 973 € si ce montant est plus élevé.*

Attention, en raison de l'entrée en vigueur du prélèvement à la source, la déduction de l'année 2019 fait l'objet d'une mesure anti-abus. Cela concerne ceux qui détenaient un PERP avant le 1er janvier 2019.

Pour éviter que l'absence d'imposition des revenus de 2018 entraîne une baisse des versements sur le PERP au cours de cette année, les déductions de 2019 tiennent aussi compte des cotisations versées en 2018.

Si les cotisations de 2018 sont inférieures à celles de 2017 et à celles de 2019, le montant déductible de l'année 2019 est égal à la moyenne des cotisations de 2018 et de 2019.

Quelle est la fiscalité des PERP au moment de la perception de la rente ?

La fiscalité sur la rente est la même que celle des pensions du régime obligatoire, c'est-à-dire que 90 % du montant des prestations (abattements inclus) est à déclarer à l'impôt sur le revenu. Il faut ajouter les prélèvements sociaux de 8,1 %.

À partir du 1er avril 2013, les rentes servies par des compagnies d'assurances en application d'un contrat d'assurance vie dont les prestations sont liées à la cessation d'activité professionnelle (notamment les contrats PERP) seront assujetties à une nouvelle contribution de 0,30, seuls les retraités non imposables seront exonérés.

Les plus du PERP

Une fiscalité très attractive pour les tranches d'imposition élevées.

Une souplesse dans la gestion financière du contrat.

Une possibilité de transfert du contrat vers un autre établissement.

Les moins du PERP

Indisponibilité de l'épargne et sortie obligatoire en rente.

Qu'est-ce qu'une rente viagère ?

Une rente viagère est un revenu versé régulièrement à un bénéficiaire sa vie durant, en échange d'un capital qui est remis à l'assureur qui en contrepartie la versera. Le montant de cette rente dépend principalement de l'âge du bénéficiaire lorsqu'elle est demandée et de l'importance du capital. La rente n'est pas indexée sur l'inflation ni sur l'évolution des retraites, mais elle bénéficie d'une revalorisation annuelle visant à protéger le pouvoir d'achat du rentier.

Celle-ci dépend de ce que rapportera le capital confié à l'assureur. C'est pourquoi il est très difficile de connaître le niveau exact à l'avance. L'assureur verse la rente jusqu'au décès.

En comparaison, les épargnants qui gardent leur capital pour y puiser de temps en temps prennent le risque de l'avoir épuisé avant la fin de leur vie. En revanche, si vous décédez peu de temps après avoir converti votre capital en rente, et donc sans avoir beaucoup profité de celle-ci, le capital sort définitivement de votre patrimoine. Sauf clause avec capital réservé, les héritiers ne toucheront rien.

La rente viagère peut-elle être réversible ?

Opter pour une rente viagère, c'est prendre un pari sur la longévité. On peut vouloir faire ce pari tout en protégeant son conjoint, dans ce cas il faut opter pour la réversion, qui consiste à prévoir qu'au décès la rente continuera à être versée, en totalité ou en partie, à une autre personne, le conjoint par exemple. Dans ce cas, son montant sera au départ plus faible, puisque l'assureur devra probablement la verser plus longtemps.

En outre, beaucoup de compagnies d'assurances proposent, notamment sur le plan d'épargne retraite populaire, des annuités certaines : elles s'engagent à verser la rente un nombre minimal d'années, par exemple vingt ans. Dans ce cas, si le décès a lieu dix ans seulement après avoir commencé à percevoir la rente, elle sera versée à la personne choisie pendant les dix années restantes. Bien sûr... tout ayant un coût, cette garantie supplémentaire diminue légèrement le montant de la rente elle-même.

Quelle est la fiscalité des rentes viagères ?

Si la rente est issue d'un produit d'épargne retraite, elle est soumise à l'impôt sur le revenu après un abattement de 10 % et assujettie aux prélèvements sociaux (17,2 %).

Si la rente est issue d'un contrat de rente viagère ou d'un placement proposant sur option la sortie en rente, comme l'assurance-vie, elle est soumise à l'impôt sur le revenu et aux prélèvements sociaux de 15,5 % pour une fraction de son montant, définie selon l'âge du rentier lors du premier versement. Si c'est avant ses 50 ans, 70 % du montant perçu est fiscalisé. De 50 à 59 ans, 50 % de la rente. De 60 à 69 ans, 40 %, et à partir de 70 ans, 30 %.

Qu'est-ce que le viager financier ?

Il s'agit de convertir une somme d'argent en rente viagère, plus professionnellement d'aliéner un capital monétaire en contrepartie d'une rente viagère indexée et garantie comme un viager immobilier.

Vous pouvez également aliéner ce capital au profit d'un revenu garanti à vie, via la Caisse de Dépôts et consignations ou d'une compagnie d'assurances notoirement solvable.

Ce revenu sera payé mensuellement ou trimestriellement.

Le bénéficiaire

La rente peut être constituée sur une ou plusieurs personnes, sans distinction de sexe ni de lien de parenté. La réversion peut être garantie à 100 % à la personne de son choix.

Versement et revalorisation

Le montant de la rente viagère sera calculé selon l'importance du capital aliéné, et l'âge, le sexe du ou des bénéficiaires de la rente.

L'indexation de la rente variera selon le procédé employé pour convertir le capital en rente viagère.

Qu'est-ce qu'un régime de retraite supplémentaire ?

Il s'agit d'un régime de retraite qui vient en complément du régime de base et des régimes complémentaires obligatoires. Ce 3e niveau de retraite peut concerner tout salarié dans la mesure où l'employeur le propose. Les régimes de retraite supplémentaire assurent le versement d'une rente viagère, c'est-à-dire un revenu régulier qui vient s'additionner aux pensions des retraites obligatoires.

En pratique, l'entreprise et/ou le salarié versent un montant de cotisations sur un compte, individuel et/ou collectif, selon le choix effectué.

Les cotisations versées sont investies sur des supports financiers et sont reversées au moment du départ en retraite pour payer la pension, en rente mensuelle ou trimestrielle (le versement en capital est rare dans la pratique).

Les régimes de retraite supplémentaire d'entreprise sont des régimes par capitalisation. Tous les salariés, ou une catégorie d'entre eux précisément définie, sont concernés. Par voie de conséquence, le taux de cotisation sera uniforme, pour tous les salariés appartenant à la catégorie définie.

Que sont les régimes de retraite à cotisations définies ?

Depuis le 1er octobre 2019, l'article 83 est remplacé par le nouveau Plan d'Épargne Retraite instauré par la Loi Pacte, sur lequel il est possible d'effectuer des versements obligatoires et volontaires déductibles. Il ne sera plus possible d'ouvrir de nouveaux contrats Article 83 après le 1er octobre 2020.

La Loi Pacte a prévu la possibilité de transférer les anciens contrats dans les PER.

⚠ *Les versements facultatifs transférés dans le PER bénéficieront de la possibilité d'être récupérés jusqu'à 100 % en capital lors de la retraite ou pour acquérir une résidence principale. La sortie en rente sera également possible.*

Là encore, les informations sur ces contrats sont laissées pour ceux qui en possèdent.

Un régime de retraite supplémentaire à cotisations définies s'assimile à une opération de capitalisation. Les cotisations sont investies sur des supports financiers au fil des versements. La sortie s'effectue uniquement sous forme de rente viagère. Ces régimes sont dits « article 83 » (dans le jargon de la retraite) du Code général des impôts.

Ces régimes concernent l'ensemble du personnel ou une ou plusieurs catégories définies de salariés. Le montant de la retraite augmente avec la durée de cotisation.

Le régime est alimenté par les cotisations: part employeur et part salarié Les versements individuels et facultatifs du salarié, si le régime « article 83 » (dans le jargon de la retraite) le prévoit.

⚠ *Lorsque le salarié quitte l'entreprise, les cotisations - salarié et employeur - sont suspendues. Néanmoins, les droits du salarié ne sont pas perdus, ils restent dans le régime et sont revalorisés jusqu'à la liquidation de sa retraite.*

Quelle est la nouvelle fiscalité des contrats à cotisations définies (ex-article 83) ?

Celui-ci devient le PER Entreprise (PERE) à cotisations obligatoires ou PER-cat. Deux types de fiscalité sur le PERE-cat : celle applicable au moment du versement des sommes sur le plan, et à la sortie du plan.

À l'entrée : les sommes versées par l'employeur sont exonérées d'impôt, dans la limite des plafonds prévus.

Sortie en rente : les rentes viagères provenant de l'article 83 sont imposées comme les pensions de retraite et bénéficient d'un abattement de 10 %.

⚠ *Les cotisations obligatoires du PERE-cat continueront à sortir en rente et ne pourront bénéficier de la sortie en capital, ni d'ailleurs du cas de déblocage pour acquisition de la résidence principale.*

Que sont les régimes à prestations définies ?

Champ d'application

Voici les nouvelles règles applicables au régime de retraite supplémentaire à prestations définies, instituées à compter du 4 juillet 2019 :

- Interdiction d'instaurer un aléa lié au départ de l'entreprise.
- Un régime de retraite supplémentaire à prestations définies institué à compter du 4 juillet 2019 ne peut pas conditionner le versement des droits à rente à la présence du bénéficiaire dans l'entreprise au moment de son départ à la retraite.

Ces régimes concernent l'ensemble des salariés ou certaines catégories d'entre eux précisément définies. Le montant sur lequel s'engage l'entreprise est généralement lié à la rémunération du salarié et à son ancienneté et ne dépend pas d'une durée de cotisations antérieure. Ces régimes s'adressent donc tout particulièrement aux salariés proches du départ en retraite.

⚠ *L'ouverture des droits est conditionnée à la présence du salarié dans l'entreprise au moment du départ en retraite.*

Les régimes à prestations définies peuvent être différentiels ou additionnels.

S'agissant des régimes différentiels (dits « retraite chapeau »), l'employeur s'engage sur un niveau global de retraite, souvent calculé en pourcentage du salaire.

L'entreprise versera la différence entre le niveau de retraite garanti par le régime supplémentaire et le total des droits acquis par le bénéficiaire au titre des autres régimes obligatoires.

S'agissant des régimes additionnels dans lesquels l'employeur garantit une pension supplémentaire, cette dernière est calculée en pourcentage fixe du dernier salaire et parfois liée à l'ancienneté du salarié. Le montant de la pension est indépendant du montant des autres pensions du retraité.

☞ *Un salarié percevra une retraite supplémentaire égale à 0,20 % de son dernier salaire par année d'ancienneté dans l'entreprise.*

✎ *Depuis le 9 novembre 2010, les régimes à prestations définies ne peuvent être mis en place que si l'ensemble des salariés de l'entreprise bénéficie d'un dispositif de retraite supplémentaire ou d'un PERCO.*

Quelle est la nouvelle fiscalité des contrats à prestations définies ?

L'ordonnance du 3 Juillet 2019 fixe un régime social spécifique constitué d'une contribution patronale au taux unique de 29,7 % assise sur les primes versées par l'employeur pour financer la retraite. De l'autre côté, est maintenue à la charge du bénéficiaire, la contribution assise sur les retraites de 7 % ou de 14 % en fonction du montant de la rente.

Retraite et professions indépendantes : quelles sont les caractéristiques des produits « Madelin » ?

Le contrat retraite Madelin consiste à épargner en vue d'obtenir une rente viagère, l'âge de la retraite arrivé.

⚠ *Le Madelin devient une des modalités du nouveau PER cela a pour conséquence la possibilité de demander à récupérer l'épargne constituée sous la forme d'un capital au moment du départ à la retraite et non plus la sortie obligatoire en rente viagère.*

Destinataires

Les professions libérales, les commerçants et les artisans. D'une manière générale, les contribuables imposés au titre des bénéfices industriels et commerciaux ou non commerciaux.

Deux types de contrats

1. Les contrats qui fonctionnent par points : les cotisations donnent un certain nombre de points, selon leur prix d'achat. Au terme, la rente viagère est calculée en multipliant son nombre de points par sa valeur en euro.
2. Les contrats Madelin fonctionnent avec des classes de cotisations et un minimum annuel à verser.

Quelle est la visibilité sur les sommes futures ?

Le capital est garanti sur un contrat à points, puisque la valeur du point ne peut pas baisser. Sur un contrat retraite Madelin avec des multisupports, le capital n'est pas garanti, sauf en ce qui concerne la partie investie dans le fonds en euros.

✎ *Dans le jargon financier on est en présence d'un produit tunnel. On ne peut en sortir qu'à la retraite, uniquement en rente viagère avec possibilité de réversion. Certaines situations exceptionnelles permettent de récupérer le capital pendant la phase d'épargne : par exemple, l'invalidité importante ou le surendettement.*

✎ *L'adhérent d'un contrat Madelin peut transférer son épargne vers un produit de même nature.*

Rentabilité des contrats

La rentabilité de ce produit ne peut être évaluée qu'au versement de la première rente. Par exemple, pour obtenir une rente de 500 € par mois à 65 ans en commençant à verser vers 40 ans, il faudra consacrer environ 300 € par mois.

Modalité fiscale

Dans le cas d'un revenu imposable et inférieur au PASS, l'enveloppe fiscale est égale à 10 % du PASS.

Par exemple, si le bénéfice imposable est de 25 000 €, le montant de déduction Madelin potentiel est de : 39 732 € x 10 % = 3 973,20 € en 2018.

Revenu imposable compris entre 1 et 8 PASS : l'enveloppe fiscale est égale à 10 % du revenu imposable + 15 % de la part du revenu au-dessus de 1 PASS.

Détail du calcul : 10 % de la fraction du bénéfice imposable dans la limite de 8 fois le PASS, soit 39 732 x 8 =31 7 856 € en 2018, auxquels s'ajoutent 15 %

supplémentaires sur la fraction de ce bénéfice comprise entre 1 fois et 8 fois le PASS, soit 41 718,60 € en 2018.

Exemples

Noémie a réalisé un bénéfice imposable de 60 000 €. Sa déduction maximale au titre des cotisations Madelin retraite est égale à :

10 % × 60000 = 6000 € + 3040,20 € (15 % de 60000 – 39732) = 9040,20 €

Pierre a réalisé un bénéfice imposable de 30 000 euros, inférieur au PASS de 39 732 € pour l'année 2018. Sa déduction maximale est de 10 % du PASS, soit 3 973,20 € en 2018.

À retenir

- La réforme de 2010 prévoyait que l'âge pour obtenir le taux plein passerait progressivement de 65 ans à 67 ans. Celle de 2020 prévoit à la fois une action sur les différents paramètres ainsi qu'une modification du système, en passant d'un système fondé sur les trimestres de cotisations à un système par points.
- Modification des majorations familiales avec impact défavorable pour les cadres.
- Les conditions d'attribution des pensions de réversion varient sensiblement d'un régime à l'autre et leur versement doit être demandé.
- Le PERP est un contrat d'épargne retraite individuel, qui rentre dans la grande famille des produits de retraite par capitalisation.
- À la grande différence de l'assurance-vie, l'épargne investie sur un PERP est bloquée jusqu'au terme, c'est-à-dire jusqu'à l'âge de la retraite.
- La rente viagère versée en échange d'un capital dépend principalement de l'âge du bénéficiaire lorsqu'elle est demandée et de l'importance du capital.
- La rente peut être réversible, mais dans ce cas elle sera plus faible.
- Un régime de retraite supplémentaire vient en complément du régime de base et des régimes complémentaires obligatoires, il peut être à cotisations définies ou à prestations définies.
- Les professions libérales, les commerçants et les artisans peuvent souscrire un contrat Madelin qui consiste à épargner en vue d'obtenir une rente viagère à l'âge de la retraite.
- Le montant de l'enveloppe fiscale Madelin au titre de la retraite complémentaire se situe au maximum à 73 503 € pour 2018.

7e PARTIE

PATRIMOINE ET ACTIVITÉ PROFESSIONNELLE

Chapitre 1

Le patrimoine professionnel

Quelle est la fiscalité de la rémunération des dirigeants ?

Le régime fiscal des dirigeants va dépendre du type d'entreprise :

- Entreprise individuelle : impôt sur le revenu dans la catégorie correspondant à l'activité de l'entreprise (BIC, BNC).
- EURL : impôt sur le revenu dans la catégorie des bénéfices industriels et commerciaux ou non commerciaux (EURL à l'impôt sur le revenu), ou dans celle des traitements et salaires (EURL à l'impôt sur les sociétés).
- SARL : traitements et salaires, sauf si option de la société pour l'impôt sur le revenu.
- SA : traitements et salaires pour le président du conseil d'administration.
- SAS/SASU : traitements et salaires pour le président, sauf si option de la société pour l'impôt sur le revenu.
- SNC : impôt sur le revenu dans la catégorie des bénéfices industriels et commerciaux.
- Association : traitements et salaires dans la mesure où une rémunération est versée.

Quelles sont les caractéristiques des stock-options ?

Les stock-options sont des options d'achat sur les actions d'une société, accordées par cette même société à ses salariés. Ces options permettent aux salariés de bénéficier d'une partie de la création de valeur engendrée par la société. Le tarif préférentiel accordé est plafonné : pour les sociétés cotées, il est de 20 % en cas de plan de souscription et de 5 % en cas de plan de rachat d'actions ; pour les sociétés non cotées, il n'y a pas de plafond.

⚠ *Important : lorsque le rabais est supérieur à 5 %, l'excédent est imposé comme un salaire.*

Cela signifie qu'une exonération d'impôt sur le revenu est accordée sur la fraction du rabais qui ne dépasse pas 5 % de la valeur des actions.

Au-delà, le rabais consenti est imposable au titre de l'année de levée de l'option. Les prélèvements sociaux seront dus, aux taux applicables sur les salaires.

Si la valeur de l'entreprise augmente suffisamment pour que le cours de l'action excède le prix d'exercice, ils peuvent ainsi exercer leurs options et générer une plus-value en vendant au prix du marché des actions acquises à un prix plus faible.

Les stock-options ont la plupart du temps une durée relativement longue, de dix à quinze ans, et un prix d'exercice égal au cours de l'action à la date d'attribution.

Il existe une période d'acquisition des droits, au cours de laquelle les options ne peuvent être exercées. Cette période peut ainsi durer quatre ans.

Lorsque des cadres quittent leur emploi (volontairement ou non) au cours de la période d'acquisition des droits, ils perdent la possibilité d'exercer les options.

Lorsque les dirigeants quittent l'entreprise (volontairement ou non) après la période d'acquisition des droits, ils perdent les options qui sont en dehors de la monnaie et doivent exercer immédiatement les options dans la monnaie.

Les bénéficiaires ne sont pas autorisés à vendre les options.

Quand un dirigeant exerce les options, l'entreprise émet de nouvelles actions et les lui vend contre le paiement du prix d'exercice.

Comment est imposé le gain levée d'options ?

Le gain de levée d'options (ou plus-value d'acquisition) réalisé est égal à la différence entre la valeur réelle des actions au jour de la levée des options et leur prix d'imposition ou de souscription. Il est imposé au titre de l'année de cessions de ces actions.

Premier cas de figure

Si les actions ont été attribuées avant le 28/09/2012 et à la condition d'avoir respecté le délai d'indisponibilité de 4 ans depuis la date d'attribution de ces actions, ce gain sera imposé aux taux forfaitaires :

- de 30 % pour la fraction du gain inférieure à 152 500 € ;
- et 41 % pour la fraction supérieure.

Si ce délai n'est pas respecté, la plus-value d'acquisition sera imposée comme un salaire.

De plus, s'il y a un délai de conservation supplémentaire de 2 ans (appelé délai de portage soit un délai total de 6 ans à compter de la date d'attribution), les taux d'imposition forfaitaires seront portés respectivement à 18 % (fraction inférieure à 152 500 €) et 30 % (fraction supérieure).

Deuxième cas de figure

Les actions ont été attribuées depuis le 28/09/2012, le gain de levée d'option sera taxé au barème progressif de l'impôt sur le revenu dans la catégorie traitement et salaires.

Le gain de levée d'options sera soumis aux prélèvements sociaux aux taux de :

- 17,2 % pour les options attribuées avant le 28/09 /2012 ;
- 9,7 % sur les revenus d'activité (9,2 % de CSG et 0,5 % de CRDS) pour les options attribuées depuis le 28/09/2012.

Quelle est la fiscalité de la plus-value ?

En 2018, la plus-value résultant de la cession dans le cadre des stock-options est égale à la différence entre leur prix de cession et leur valeur à la date d'acquisition. Elle est imposée à la « FlaTax » de 30 % avec les prélèvements fiscaux. Les contribuables auront cependant la possibilité d'opter pour la soumission de leurs revenus au barème progressif de l'IR.

Qu'est-ce que le patrimoine professionnel ?

La définition du patrimoine professionnel peut se comprendre de deux manières différentes. L'une concerne les biens et activités régis par le Code du commerce, l'autre est celle qui sera appliquée par la fiscalité, elle concerne l'exercice de l'activité professionnelle.

Le Code des impôts parle, des « biens nécessaires à l'exercice sous forme individuelle d'une profession industrielle commerciale, artisanale, agricole ou libérale et les droits sociaux : parts ou actions de sociétés ». La notion d'activité professionnelle est essentielle pour savoir si la plus-value dégagée concerne le régime des plus-values des professionnelles ou celui des plus-values des particuliers.

Comment protéger son patrimoine personnel en tant qu'entrepreneur ?

Depuis le 1er janvier 2011, les entrepreneurs individuels, déjà en exercice ou lors de la création de leur activité, peuvent choisir le nouveau statut d'entrepreneur individuel à responsabilité limitée (EIRL), qui distingue le patrimoine professionnel du patrimoine personnel.

Des patrimoines séparés

Ce nouveau dispositif s'adresse à tout entrepreneur en nom propre : qu'il s'agisse d'un auto-entrepreneur, d'un commerçant ou artisan, d'une profession libérale ou agricole.

Il lui permet de protéger son patrimoine personnel en cas de faillite, en affectant à son activité professionnelle un patrimoine séparé de son patrimoine personnel, sans avoir à créer une société (EURL par exemple).

La nouveauté réside dans le fait que désormais les entrepreneurs individuels n'ont plus à répondre de leurs dettes professionnelles sur la totalité de leur patrimoine.

Les personnes exerçant leur activité sous forme de société en sont en revanche exclues (la séparation des patrimoines étant déjà la règle dans la plupart des cas).

Le patrimoine affecté comprend l'ensemble des éléments matériels ou immatériels nécessaires à l'activité professionnelle, dont l'entrepreneur individuel est titulaire ou propriétaire : il peut s'agir de biens (par exemple, les équipements) ou des droits (brevet, par exemple).

⚠ *Il n'est possible d'affecter que les biens nécessaires ou utilisés pour l'activité professionnelle ou à usage mixte.*

Un entrepreneur exerçant plusieurs activités distinctes pourra constituer un patrimoine d'affectation pour chacune d'elles (régime de pluralité de patrimoines affectés), à partir du 1er janvier 2013.

Seul le patrimoine professionnel est éventuellement exposé aux poursuites des créanciers de l'entrepreneur, le patrimoine personnel bénéficiant d'une protection.

En cas de liquidation judiciaire visant un patrimoine affecté, le patrimoine personnel est préservé.

⚠ *En cas de fraude ou de manquements aux obligations fiscales, sociales ou comptables, la responsabilité personnelle du dirigeant est engagée. En cas de redressement fiscal ou social, le recouvrement des sommes dues pourra s'appliquer à la totalité du patrimoine qu'il soit personnel ou professionnel.*

Pourquoi créer une SCI en tant qu'entrepreneur ?

Le recours à une SCI présente plusieurs avantages.

Il facilite la transmission familiale du patrimoine immobilier et professionnel. Elle évite notamment pour les héritiers les pièges de l'indivision. Par exemple, si un des héritiers souhaite céder ses parts, il n'y aura pas d'obligation pour les autres héritiers à vendre l'immeuble, comme c'est le cas en général en indivision.

Il peut procurer certains avantages fiscaux.

L'investissement est réalisé grâce aux loyers versés par l'entreprise à la SCI. Le recours à une SCI permet donc de se constituer un patrimoine immobilier à moindres frais. Toutefois, les loyers sont souvent inférieurs aux montants des remboursements d'emprunt et des intérêts, alors qu'ils ne toucheront pas les bénéfices (ceux-ci servant à rembourser l'emprunt).

Les associés doivent prévoir la trésorerie nécessaire en établissant un plan prévisionnel en fonction de la durée de l'emprunt.

L'entreprise déduit les loyers et charges de son bénéfice fiscal.

⚠ *Le loyer doit être « normal », c'est-à-dire correspondre à la valeur locative réelle telle qu'elle est pratiquée. S'il est considéré comme anormal, l'excédent est considéré comme résultant d'un acte anormal de gestion entraînant une réintégration dans le bénéfice imposable de l'entreprise.*

Les frais d'acquisition des immeubles par la SCI ne sont pas déductibles, à moins que la SCI opte pour l'impôt sur les sociétés.

La SCI exerçant une activité civile, n'est pas, en principe, assujettie à la TVA. Cependant, elle peut opter pour l'application de la TVA sur les loyers encaissés.

Cette option lui permet d'économiser le droit de bail et de récupérer la TVA grevant l'immeuble, y compris celle afférente aux investissements.

Quelle est la fiscalité sur les cessions d'entreprise ?

Première situation : revente d'une entreprise soumise à l'impôt sur les sociétés

Situation avant le 1er janvier 2018

Pour les titres souscrits ou acquis avant le 1er janvier 2018, les plus-values de cession supportent le prélèvement forfaitaire unique de 12,80 %, plus les prélèvements sociaux. Une option pour l'imposition de la plus-value au barème progressif de l'impôt sur le revenu est possible. Il est alors possible de profiter des abattements pour durée de détention, à savoir :

- 50 % lorsque les titres ont été conservés entre 2 et 8 ans ;
- 65 % lorsque les titres ont été conservés pendant 8 ans au moins.

Pour les PME remplissant certaines conditions il existe un abattement majoré :

- 50 % entre 1 an et la fin de la 3e année de détention ;
- 65 % entre la 4e année et la fin de la 7e année de détention ;
- 85 % au-delà.

Situation titres acquis ou cédés après le 1er janvier 2018

Pour les titres souscrits ou acquis à compter du 1er janvier 2018, les plus-values de cession supportent le prélèvement forfaitaire unique de 12,80 %, plus prélèvements sociaux. Une option pour l'imposition de la plus-value au barème progressif de l'impôt sur le revenu reste possible.

En cas d'option pour l'imposition de la plus-value au barème progressif de l'impôt sur le revenu, le cédant ne peut pas bénéficier des abattements pour durée de détention qui existaient avant.

⚠ *À signaler: une fraction de la CSG acquittée est déductible du revenu global de l'année de son paiement uniquement lorsque le cédant opte pour l'imposition de la plus-value au barème progressif de l'impôt sur le revenu.*

Deuxième situation : revente d'une entreprise soumise à l'impôt sur le revenu

Le cas est différent car les titres font partie du patrimoine professionnel à partir du moment où l'entrepreneur exerce une activité au sein de cette entreprise.

La plus-value à court terme est ajoutée au résultat de l'entreprise quand l'entreprise a acquis les éléments vendus moins de deux ans avant la cession.

Sur demande, elle peut demander une répartition sur trois ans.

Dans les autres cas, la revente sera soumise au régime des plus-values professionnelles à long terme et l'imposition se fera au taux forfaitaire de 16 %, auquel il faut ajouter les prélèvements sociaux.

⚠ *Il est nécessaire que la vente se déroule plus de deux ans après la création ou la souscription au capital.*

Existe-t-il des exonérations spécifiques ?

L'exonération des TPE

Les plus-values professionnelles des petites entreprises soumises à l'impôt sur le revenu peuvent être exonérées quand deux conditions sont remplies:

1. L'activité doit être exercée depuis plus de cinq ans au moment de la revente pour une entreprise individuelle; s'il s'agit d'une société soumise à l'IR, l'entrepreneur doit détenir les titres depuis plus de cinq ans.
2. Le chiffre d'affaires HT ne doit pas dépasser 250 000 € pour les opérations de ventes et de fourniture de logement, 90 000 € pour les prestations de service et les bénéfices non commerciaux.

Afin de déterminer ce seuil de chiffre d'affaires (CA), l'administration fiscale prend en compte la moyenne des chiffres d'affaires réalisés sur les deux exercices clos au cours des deux années civiles précédant la vente.

Concrètement: si la vente a lieu en septembre de l'année N et que l'exercice est clôturé au 31 décembre, il faut calculer la moyenne des exercices clos en décembre N-1 et N-2.

Quand un exercice porte sur moins de douze mois d'activité, le CA est revalorisé prorata temporis.

Au-dessus de ces plafonds de CA et jusqu'à 350 000 € ou 126 000 € selon la catégorie de recettes, l'entrepreneur peut bénéficier d'un allégement dégressif.

Calcul

Le pourcentage de la plus-value soumise à imposition est égal soit à :

- la fraction excédant 250 000 € divisée par 100 000 pour les activités d'achat-revente et fourniture de logement ;
- la fraction excédant 90 000 € divisée par 36 000 pour les prestations de services et les BNC.

L'exonération en fonction du prix

Cela concerne :

- d'une part, les entreprises soumises à l'impôt sur le revenu ;
- d'autre part, les entreprises soumises à l'impôt sur les sociétés à condition que leur capital soit détenu à 75 % au moins par des personnes physiques ou par des sociétés détenues elles-mêmes à 75 % au moins par des personnes physiques, que leur CA soit inférieur à 50 millions d'euros, et qu'elles emploient moins de 250 salariés.

La condition de détention déjà vue doit être respectée au moins depuis la date d'ouverture de l'exercice concerné jusqu'à la vente.

La mesure s'applique aux ventes suivantes :

- branches complètes d'activité ;
- cessions de fonds de commerce ;
- cessions de parts de sociétés de personnes (dans la mesure où le vendeur y exerce une activité et qu'il cède la totalité de ses parts).

La plus-value peut être totalement exonérée aux conditions ci-dessous :

- La valeur des biens cédés servant de base aux droits d'enregistrement ne doit pas dépasser 300 000 €.
- Le vendeur ne doit pas contrôler ni diriger l'entreprise qui procède à l'acquisition.

Quand le prix de cession est compris entre 300 000 € et 500 000 €, la plus-value est partiellement exonérée. Le coefficient d'exonération est égal à la différence entre 500 000 € et le prix de cession, divisée par 200 000 €.

À retenir

- Le régime fiscal des dirigeants va dépendre du type d'entreprise.
- Les stock-options sont des options d'achat sur les actions d'une société. Si la valeur de l'entreprise augmente, une plus-value peut être générée.
- Le nouveau statut d'entrepreneur individuel à responsabilité limitée (EIRL) distingue le patrimoine professionnel du patrimoine personnel, ce qui permet de protéger celui-ci.
- Distinction entre entreprise soumise à l'IS et entreprise soumise à l'impôt sur le revenu.
- Les titres que possède l'entrepreneur personne physique font partie de son patrimoine privé. La revente entraînera l'imposition au régime des plus-values mobilières (examiné par ailleurs) et l'entrepreneur paiera l'impôt sur la plus-value.
- La plus-value peut être exonérée quand l'acquéreur est un membre de la famille.
- Les titres font partie du patrimoine professionnel si l'entreprise est soumise à l'impôt sur le revenu : régime des plus-values professionnelles.
- Il existe certaines possibilités d'exonération pour les TPE notamment.

Chapitre 2

Les autres types de placement et leurs caractéristiques

Voyons ci-après les investissements dans les entreprises.

Quelles sont les caractéristiques d'un fonds investissement de proximité (FIP) ?

Les fonds d'investissement de proximité (FIP) sont venus élargir en 2003 le dispositif de soutien aux PME qui avait été mis en place avec la création des fonds communs de placement dans l'innovation (FCPI). Accessibles pendant deux périodes de l'année, liées d'une part à la réduction de l'impôt sur le revenu et d'autre part à la réduction de l'impôt de solidarité sur la fortune, les FIP permettent d'accéder au marché des sociétés non cotées dans un cadre fiscal favorable. Comme pour les SICAV, l'investissement est accessible avec un montant faible, et l'épargne est investie par un gérant spécialisé. Un pourcentage de 70 % de l'actif doit être investi dans des PME. Par contre, il n'existe aucune contrainte sur le reste du portefeuille.

Les FIP n'ont pas de contrainte sectorielle mais une obligation d'investir dans quatre régions limitrophes (trois en 2011). Autre exigence : 10 % au minimum de l'actif doivent être consacrés à des PME de moins de cinq ans (huit ans en 2011).

Précisions concernant le prélèvement à la source : la loi prévoit que certains avantages fiscaux font désormais l'objet, dès le mois de janvier, d'un acompte à hauteur de 60 % de leur montant (calculé sur une assiette N-2), avant le versement du solde l'été. Les réductions d'impôts auxquels ouvrent droit les souscriptions de parts de FIP ou FCPI ne sont pas concernées par ce dispositif. Elles sont donc remboursées par l'administration fiscale, durant l'été qui suit le dépôt de la déclaration. Ainsi, les souscriptions réalisées avant le 31/12/2019 feront l'objet d'une régularisation en septembre 2020.

Les FIP - sont exonérés d'IFI, même s'ils sont investis en tout ou en partie en immobilier.

Quelle est la rentabilité et existe-t-il des risques de perte en capital ?

Par principe, il s'agit de fonds risqués, le risque de perte de capital est réellement grand pour deux raisons. Première raison, il s'agit principalement d'un placement en actions. Deuxième raison, la mortalité des PME est plus élevée que celle des grandes entreprises. La perte sur certaines entreprises peut être totale.

Ces produits sont très difficiles à céder avant leur terme. En tout état de cause, pour conserver les avantages fiscaux les fonds doivent être gardés au moins cinq ans. Sauf cas de décès, d'invalidité ou de licenciement du porteur de parts ou de son conjoint.

La rentabilité est difficile à évaluer, les premiers FIP n'étant pas échus. La performance devrait être sensiblement celle des actions.

Quelles sont les caractéristiques des fonds communs de placement dans l'innovation (FCPI) ?

Les fonds communs de placement dans l'innovation (FCPI) permettent d'accéder au marché des sociétés innovantes, cotées ou non, dans un cadre fiscal favorable.

Conditions

Un pourcentage d'au moins 70 % de l'actif doit être investi dans des PME innovantes. Elles doivent soit obtenir le label délivré par l'agence OSEO, soit consacrer un tiers de leur chiffre d'affaires à la recherche. Il n'existe aucune contrainte sur le solde du portefeuille (30 %), placé le plus souvent dans des produits sans risques.

Quelle est la rentabilité et existe-t-il des risques de perte en capital ?

Il s'agit d'un placement dans des entreprises innovantes et donc par définition risquées. De plus, la mortalité des PME est plus élevée que celle des grandes entreprises.

Ces produits sont très difficiles à céder avant leur terme. En tout état de cause, pour conserver les avantages fiscaux, les fonds doivent être conservés pendant au moins cinq ans. Seuls les cas de décès, invalidité ou licenciement du porteur de parts ou de son conjoint soumis peuvent permettre de ne pas remettre en cause l'avantage fiscal.

Quelle rentabilité ?

La rentabilité d'un FCPI ne peut être connue qu'au terme, entre huit et dix ans, même si on peut avoir une idée à travers la valorisation annuelle.

Quels sont les avantages fiscaux des FIP et FCPI ?

Une économie d'impôt de 18 % de l'investissement. La réduction d'impôt est à nouveau portée dans la dernière loi de Finances à 25 % pour la seule année 2020. Les épargnants pourront en profiter à condition que cette mesure soit enfin confirmée via une validation de la Commission européenne concernant l'éligibilité des sociétés concernées. Le décret d'application pourra alors être publié. La réduction d'impôt est plafonnée à 2 160 € pour un célibataire et à 4 320 € pour un couple. Il est possible de doubler ce plafond en souscrivant également à un Fonds d'Investissement de Proximité (FIP).

Exemple : un couple imposé normalement à hauteur de 8 000 € est totalement exonéré s'il souscrit pour 24 000 € de FCPI et pour 24 000 € de FIP (hors droits d'entrée bien entendu).

Cette réduction doit être dans la limite du plafond annuel global de 10000 € pour un foyer fiscal, pour l'ensemble des réductions et des crédits d'impôt liés à des investissements et dépenses engagés en 2013, plafonnement des niches fiscales oblige.

Les plus-values réalisées lors de la cession des FCPI ou FIP seront exonérées d'impôt (hors prélèvements sociaux) après un engagement de conservation de 5 ans minimum.

S'agissant du FIP CORSE :

- *réduction d'impôts correspondant à 38 % du montant investi. Cette réduction d'impôts est comprise dans le plafonnement global des niches fiscales, et dispose d'un plafond spécifique correspondant à un investissement maximum de 12000 € pour une personne seule et de 24000 € pour un couple ;*
- *les plus-values sont exonérées après 5 ans en ce qui concerne l'impôt mais pas sur les prélèvements sociaux.*

Le montant cumulé de la réduction d'impôt ne peut pas dépasser 10000 € par an et par foyer fiscal (plafonnement des niches fiscales pour 2019).

Quels sont les avantages fiscaux concernant l'investissement dans les PME ?

Les investisseurs souscrivant au capital d'une société non cotée, lors de la création ou à l'occasion d'une augmentation de capital, peuvent bénéficier d'une réduction d'impôt.

Le dispositif a été profondément remanié depuis le 1er janvier 2012.

Les entreprises concernées

Les particuliers qui investissent dans le capital d'entreprises étant en phase d'amorçage, de démarrage ou d'expansion peuvent bénéficier d'avantages fiscaux particuliers.

Les entreprises éligibles doivent employer moins de cinquante salariés et avoir un chiffre d'affaires et un total de bilan inférieur à 10 millions d'euros au cours de l'exercice. Elles doivent également avoir été créées depuis moins de cinq ans.

Les conditions nécessaires

L'entreprise doit être soumise à l'impôt sur les sociétés.

✎ *L'entreprise concernée ne doit pas exercer une activité limitée à la gestion de son propre patrimoine mobilier ou immobilier.*

Sont éligibles les investissements dans des holdings animatrices qui ont pour objet exclusif l'investissement dans des sociétés elles-mêmes éligibles.

Délai de détention des titres

Les titres doivent être détenus jusqu'au 31 décembre de la cinquième année suivant celle de la souscription et ne doivent pas donner lieu à remboursement avant la fin de la dixième année suivant celle de la souscription.

✎ *Il n'y a pas de reprise de l'avantage fiscal quand le non-respect de cette condition est consécutif au décès, à l'invalidité ou au licenciement de l'investisseur ou de son conjoint.*

Il en est de même en cas de donation si le donataire conserve les titres jusqu'au terme exigé.

50 % du capital doit être détenu par des personnes physiques.

En termes d'effectif salarié : la société doit employer au moins deux salariés à la clôture de son premier exercice, un seul s'il s'agit d'une activité artisanale.

Montant de la réduction

Réduction de l'IR (Impôt sur le Revenu) : 18 %. Nouveauté 2020 : la réduction d'impôt sur le revenu accordée aux particuliers qui investissent leur épargne dans des PME devrait passer de 18 % à 25 % en 2020 :

- plafond d'Investissement de 50 000 € pour un célibataire et 100 000 € pour un couple ;
- plafond de réduction d'IR : 9 000 €/an pour un célibataire, 18 000 €/an pour un couple.

Suppression au 1er janvier 2018 avec l'instauration de l'IFI.

La réduction d'impôt PME-PMI est prise en compte dans le plafonnement des niches fiscales pouvant être accordés au titre de l'impôt sur le revenu, soit 10 000 €.

✎ *La réduction d'impôt pour souscriptions directe au capital des PME non cotées et de start-up (dispositif IR-Madelin) offre la possibilité de report sur plusieurs années de la réduction d'impôt, en cas de dépassement du montant du plafonnement global des avantages fiscaux à 10 000 €.*

En effet, l'excédent de réduction au-delà de 10 000 € peut être reporté sur l'impôt sur le revenu dû au titre des années suivantes, jusqu'à la cinquième année. Soit, pour un investissement réalisé en 2019, un excédent pouvant diminuer l'impôt sur le revenu dû au titre des années 2019 à 2024.

Voyons quels sont les autres investissements.

Quelles sont les caractéristiques de l'investissement en bois et forêts ?

Une vision à long terme

L'acquisition de bois et forêts peut être effectuée directement auprès d'un particulier, mais les offres sont rares et difficiles à trouver. C'est pourquoi il est plus facile de réaliser l'investissement par le biais d'une société d'épargne forestière ou d'un groupement forestier.

Intérêt essentiel : dans ce cadre, l'investisseur n'a pas à gérer et à entretenir les bois et forêts qu'il possède.

Cet investissement de long terme ne présente pas beaucoup d'intérêt en termes de rendement, cependant la demande étant supérieure à l'offre, l'espoir de réaliser une plus-value en cas de revente est envisageable sur le long terme.

Un gros plus : le régime fiscal

Sur l'impôt sur le revenu

L'investissement dans les bois et forêts bénéficie d'une réduction d'impôt sur le revenu. En 2018, l'investissement en forêt a été reconduit jusqu'en 2020. La situation est la suivante :

- Acquisition directe de forêts, de terrains en nature de bois ou de terrains qui sont à boiser : dans ce cas la réduction d'impôt est de 18 % dans la limite de 5 700 € de dépenses prises en compte par personne).
- Investissement dans un groupement foncier forestier (GFF), une société d'épargne forestière (SEF) ou un Groupement d'intérêt économique et environnemental forestier (GIEEF) : la réduction d'impôt est également de 18 % dans la limite de 5 700 € ou 11 400 € pour un couple de dépenses prises en compte. Le crédit d'impôt sur le revenu bénéficie d'un taux majoré à 25 % pour les adhérents d'Organisations de Producteurs.

Par ailleurs, ces contribuables peuvent également bénéficier d'une réduction d'impôt pour certains travaux forestiers réalisés ainsi que pour les sommes dépensées dans le cadre d'un contrat de gestion passé avec une institution habilitée.

Sur l'IFI

L'investissement dans les bois et forêts ouvre droit, soit immédiatement lorsqu'il est réalisé en direct, soit 2 ans après sa réalisation par l'intermédiaire d'un groupement, à une exonération d'ISF à hauteur de 75 % de la valeur du bien, sous réserve d'un engagement de gestion durable dûment contractualisé. La garantie de gestion doit être de 30 ans.

⚠ *Les bois et forêts bénéficient d'une fiscalité avantageuse au moment de la transmission. L'exonération s'élève à 75 % de la valeur des biens sous réserve de produire le même certificat ainsi que la garantie sur 30 ans prévue pour l'exonération d'ISF.*

✎ *L'acquisition de nouvelles parts de GFF, en primaire, donc via une augmentation de capital peut entrainer une exonération de 100 % de l'assiette IFI (pour plus de précisions, voir l'article 31 de la Loi n° 2017-1837 du 30 décembre 2017).*

Qu'est-ce que l'investissement en SOFICA ?

Les SOFICA sont des sociétés de financement de l'investissement cinématographique et audiovisuel.

Prévu jusqu'au 31 décembre 2014, l'investissement en SOFICA a été prolongé jusqu'en 2017, avantage prorogé jusqu'à fin 2020 et ouvre droit à une réduction d'impôts sur le revenu sur l'année du versement.

Modalités actuelles

Les versements effectués jusqu'au 31 décembre 2018 par des personnes physiques pour la souscription de parts de SOFICA donnent droit à réduction d'impôt de 30 % des sommes investies dans la limite de 25 % du revenu net du contribuable et sans pouvoir dépasser 18 000 €.

✎ *Le taux est majoré à 36 % si la SOFICA s'engage à réaliser au moins 10 % de ses investissements dans des sociétés de production. Il peut s'élever à 48 % si elle consacre au moins 10 % de ses investissements à des dépenses d'œuvre de fiction, de documentaires et aussi d'animation sous la forme de série ou à l'acquisition de droits portant exclusivement sur les recettes d'exploitation des œuvres cinématographiques ou audiovisuelles à l'étranger*

⚠ *Les contribuables doivent choisir parmi les SOFICA agréées par le CNC (Centre national du cinéma et de l'image animée).*

Soit une réduction d'impôts maximum de 8 € (plafond représentant également 25 % des revenus).

✎ *Tous les contribuables peuvent profiter des SOFICA, puisqu'on est en présence d'une réduction d'impôt et non pas d'une déduction. En conséquence, il n'est pas nécessaire d'avoir un taux marginal d'imposition élevé.*

Il s'agit d'un investissement de diversification. Contrairement aux actions ou obligations, ce sont des actifs qui sont décorrélés des marchés d'actions ou d'obligations.

Les dividendes sont imposables à l'impôt sur le revenu dans la catégorie des Revenus de Capitaux Mobiliers.

Les plus-values éventuelles sont imposées au titre des plus-values de cession de valeurs mobilières.

Quel est l'intérêt patrimonial d'un investissement en œuvre d'art ?

Définition fiscale d'une œuvre d'art

- Tapis et tapisseries.
- Tableaux, peintures et dessins faits entièrement à la main.
- Gravures, estampes et lithographies originales.
- Statues et sculptures originales.
- Céramiques.
- Émaux sur cuivre : entièrement exécutés de la main de l'artiste et comportant sa signature.
- Photographies : prises par l'artiste et tirées par lui ou sous son contrôle, signées et numérotées dans la limite de 30 exemplaires, tous formats et supports confondus.

Les objets de collection

Les objets de collection sont exonérés de l'ISF quel que soit leur âge. Cette rubrique regroupe des objets de valeur unitaire qui peut être faible, leur valeur résidant dans le regroupement effectué.

La règle est la suivante pour les monnaies et médailles : les monnaies doivent être antérieures à 1800 pour être considérées comme des objets de collection.

Les médailles, elles, doivent pour bénéficier de l'exonération avoir plus de 100 ans d'âge.

Les livres de collection font également partie des œuvres d'art exonérées au titre de l'ISF.

Fiscalité des œuvres d'art

Les plus-values sur les cessions d'autres biens (autres que les métaux précieux) sont également exonérées quand le prix de cession est inférieur ou égal à 5 000 €.

S'agissant des règles d'imposition sur les plus-values suite à une revente, deux possibilités :

- **Première possibilité :** imposition au taux forfaitaire de 19 % + les prélèvements sociaux.

Au prix d'achat s'ajoutent les frais éventuels d'acquisition, de remise en état et de restauration.

Le montant de la plus-value est réduit d'un abattement dont le taux est fixé à 5 % par année de détention au-delà de la deuxième année, d'où une exonération totale de la plus-value après vingt-deux ans de détention.

- **Deuxième possibilité :** les plus-values des particuliers sur cessions de métaux et objets précieux (bijoux, objets d'art et de collection, etc.) sont soumises à un régime spécifique. Les intéressés peuvent choisir entre l'imposition de droit (la première possibilité) et une taxation forfaitaire calculée sur le prix de vente :
  - En ce qui concerne les ventes de bijoux, d'objets d'art de collection ou d'antiquité : la taxe est de 6 %. Si le vendeur ou l'exportateur est domicilié fiscalement en France, la CRDS au taux de 0,5 % est également applicable. Le taux global est alors de 6,5 %. Précisions : seules les monnaies antérieures à l'année 1800 sont considérées comme des pièces de collection. Si la valeur de l'objet cédé ne dépasse pas 5 000 €, la vente est exonérée.
  - Depuis le 1er janvier 2018, la taxation forfaitaire se fondant sur le prix de vente (et non sur la plus-value) passe à 11,5 % CRDS comprise. Cette taxe concerne donc les métaux précieux et les pièces après 1800.

L'option pour le régime de droit commun d'imposition des plus-values n'est possible que si le vendeur peut justifier de la date d'acquisition ou prouver que le bien est détenu depuis plus de douze ans. En pratique, cela impose la possession d'une facture.

Quelles sont les caractéristiques de l'investissement en or « physique » ?

Comme pour les valeurs mobilières, il n'y a pas de TVA à l'achat sur les lingots et pièces d'or.

Règles fiscales

La vente d'objets en or, argent ou platine est soumise à une taxe forfaitaire.

Deux solutions :

1. La taxe forfaitaire qui s'applique sur le produit de la vente et non de la plus-value. Le taux (incluant 0,5 % de CRDS) est de 11,5 % depuis le 1er janvier 2018.
2. Pour le régime des plus-values réelles, dès lors qu'il est possible de justifier du prix et de la date d'acquisition : dans ce cas le taux est de 36,2 % avec les prélèvements sociaux sur la plus-value (depuis le 1er janvier 2018), avec une décote de 5 % par an à partir de la 3e année de détention.

⚠ *Le contribuable doit effectuer spontanément sa déclaration (n° 2048 M) auprès du service des impôts de son domicile dans un délai d'un mois à compter de la cession. Il n'est pas nécessaire de déclarer si la cession est exonérée, mais l'administration peut procéder à un contrôle. Toute la difficulté consiste alors à prouver la date d'acquisition du métal précieux. Pas de problème pour ce qui concerne les lingots, car, étant numérotés, ils sont identifiables. En revanche, pour les pièces, il est peut-être difficile de prouver que celles qui ont été vendues ont bien été détenues depuis douze ans.*

Comment investir dans l'or papier ?

L'investissement dans les mines d'or

Les mines amplifient les évolutions du cours de l'or.

Si celui-ci évolue à la hausse, la performance financière va bénéficier d'un effet de levier si l'achat porte sur des actions d'une mine d'or disposant de grandes réserves minières.

⚠ *Cet effet levier peut jouer aussi en sens inverse en cas de baisse des cours de l'or, et les performances des mines peuvent aussi dépendre d'autres facteurs tels que les coûts d'extraction plus ou moins élevés (l'évolution suivant souvent celle du pétrole).*

Toutes les mines d'or ne présentent pas le même niveau de risques ni le même potentiel d'appréciation.

Une nouvelle mine en phase d'exploration par exemple pourra être un choix très risqué par rapport à une société minière bien établie disposant de larges réserves prouvées. Cependant, ce choix peut aussi entraîner des gains supérieurs.

Il existe des mines d'or sur tous les continents, mais l'Afrique du Sud concentre une grande partie des sociétés minières les plus anciennes du fait que le sous-sol de ce pays recèle 80 % des réserves prouvées mondiales.

Nombre de sociétés minières sont cotées et certaines des actions sont présentes à la Bourse de Paris.

Les certificats et « trackers »

Ce sont des produits qui se contentent généralement de répliquer la performance du cours de l'or dans une devise particulière (euro ou dollar).

Par exemple, certains certificats sur l'or sont dits « Quanto », donc indexés sur le cours de l'or en euro. La particularité de ces certificats étant d'offrir une couverture du risque de change.

Qu'est-ce qu'un groupement foncier agricole (GFA) ou viticole (GFV) ?

Le groupement foncier agricole (GFA) ou groupement foncier viticole (GFV) sont des sociétés civiles destinées à rassembler des biens fonciers.

L'investisseur achète des parts de ces groupements et perçoit des revenus fonciers avec un régime fiscal favorable.

⚠ *Les statuts du groupement interdisent l'exploitation en direct.*

Avantages et caractéristiques fiscales

Impôt sur le revenu

Les associés d'un GFA ou GFV reçoivent des revenus reversés par le groupement, ceux-ci sont imposables dans la catégorie des revenus fonciers.

Si les revenus fonciers n'excèdent pas 15 000 €, il est possible de bénéficier du régime microfoncier et la part imposable sera déterminée après application d'un abattement forfaitaire de 30 %.

À défaut, le revenu imposable sera déterminé selon le régime réel d'imposition.

En cas d'exploitation directe, le régime est celui des bénéfices agricoles.

En cas de cession, la plus-value est assujettie au régime spécifique des plus-values immobilières.

Impôt sur la fortune immobilière

Les parts de GFA ou de GFV peuvent bénéficier d'une exonération partielle d'IFI ; la valeur des parts représentatives de biens fonciers donnés à bail à long terme est exonérée à hauteur de 75 % dans la limite de 101 897 € et à hauteur de 50 % au-delà de ce seuil.

Conditions

Pour bénéficier de l'exonération, les parts doivent être détenues depuis deux ans au moins, sauf si elles ont été attribuées en rémunération d'apports d'immeubles agricoles lors de la constitution du groupement.

Donations et successions

Les biens ruraux donnés à bail à long terme ou à bail cessible hors du cadre familial et les parts de groupements forestiers agricoles (GFA) ou de Groupement Foncier Viticole (GFV) sont partiellement exonérés en cas de transmission à titre gratuit.

Pour les successions ouvertes et les donations consenties à compter du 1er janvier 2012, la limite d'exonération partielle des biens ruraux et des parts de GFA ou GFV est portée à 101 897 €.

En 2019, les mutations à titre gratuit (succession ou donation) sont exonérées de droits à hauteur de 75 %, dans la limite de 300 000 € en 2019, au lieu de 101 897 € précédemment, par bénéficiaire, et à hauteur de 50 % au-delà de ce seuil.

Conditions

Conditions générales :

1. les parts doivent avoir été détenues par le donateur ou le défunt depuis plus de 2 ans ;
2. les parts ou le bien restent la propriété du bénéficiaire de la transmission pendant au moins 5 ans.

Conditions propres au GFA et GFV :

1. les statuts du GFA ou GFV doivent lui interdire l'exploitation en faire-valoir direct ;
2. les biens du groupement doivent faire l'objet d'un bail rural à long terme.

Montant de l'exonération

Si la valeur des biens transmis à chaque donataire, héritier ou légataire, n'excède pas 101 897 €, les biens transmis sont exonérés à concurrence des 3/4 de leur valeur.

Au-delà, cette exonération n'est plus que de 50 %.

La limite est appréciée en tenant compte des donations antérieurement consenties par la même personne (abstraction faite des donations passées depuis plus de 6 ans).

L'exonération ne s'applique qu'à la valeur nette des parts correspondant aux biens donnés à long terme.

Qu'est-ce que l'investissement en matières premières ?

Les matières premières ou commodities constituent une classe d'actifs à part entière.

Cinq grandes catégories

1. Énergie : pétrole brut, pétrole raffiné, gaz, gasoil, fuel, essence.
2. Matières premières agricoles : blé, maïs, soja, coton, sucre, café, cacao.
3. Métaux industriels : aluminium, cuivre, plomb, nickel, zinc.
4. Bétail : bovins, volailles, porcs.
5. Métaux précieux : or, argent, platine, palladium, diamants.

Pourquoi investir dans les commodities ?

Trois raisons peuvent être avancées :

1. La demande en matières premières est soutenue par un développement des infrastructures en Asie et particulièrement en Chine et Inde.
2. Insuffisance de l'offre : le faible niveau des cours durant les années 1990 a limité les dépenses de R&D et d'exploitation.
3. Sur le long terme (20 ans), les matières premières ont eu des performances supérieures aux autres classes d'actifs pour un niveau de volatilité légèrement supérieur.

Intérêt principal

Faible corrélation des matières premières avec les autres marchés et notamment celui des actions. Celles-ci offrent une diversification de portefeuille qui peut être intéressante.

À retenir

- Les placements défiscalisant en entreprise : FIP, FCPI. Ils concernent les épargnants qui ne sont pas allergiques au risque... et fortement fiscalisés.
- L'investissement dans les PME bénéficie d'avantages fiscaux. Il permet de participer au développement des entreprises tout en diminuant le risque par les avantages fiscaux consentis.
- Investissement défiscalisant dans le cinéma : SOFICA. Pour un intérêt exclusivement fiscal.
- Placement « plaisir » œuvre d'art et vins. Le plaisir d'abord... la rentabilité viendra peut-être ensuite par surplus.

Conclusion

Gestion de patrimoine : les grandes tendances

Première tendance : la diversité des attentes

Les besoins auxquels répondent les différents acteurs de la gestion de patrimoine sont multiples :

- la création et le développement d'un patrimoine immobilier ;
- le choix des placements financiers et l'optimisation de leur performance ;
- la mise en place de plans de revenus complémentaires en vue de la retraite ;
- l'organisation de la transmission du patrimoine dans les conditions fiscales les plus légères ;
- la diminution de l'impact de l'impôt à travers les différentes possibilités de défiscalisation ;
- la protection de la famille et de ses ressources à travers la prévoyance.

Ces problématiques diverses impliquent des connaissances qui relèvent de diverses disciplines. Le recours à un ou des conseils apparaît incontournable.

Deuxième tendance : la complexité des placements

Il existe de très nombreux produits d'investissements, que l'on peut regrouper dans les trois domaines principaux que sont les valeurs mobilières, l'assurance-vie et l'immobilier. Chacun d'eux possède ses spécificités et son utilité dans l'équilibre du patrimoine. Les produits sont de plus en plus sophistiqués... et les dispositions fiscales changent de plus en plus souvent. En conséquence, il est souvent difficile de comprendre les tenants et les aboutissants des produits, ce qui implique de s'adresser plutôt à un conseiller qu'à un vendeur.

Troisième tendance : une offre de conseils très éclatée

La multiplicité des acteurs sur le marché du conseil patrimonial, devenu extrêmement concurrentiel depuis une vingtaine d'années, et la qualité inégale des prestations font que l'épargnant a quelque mal à s'y retrouver et à faire le tri dans les avantages et inconvénients offerts par tel ou tel vendeur de produits.

Quatrième tendance : le développement de la réglementation

À partir des usages de chaque profession (courtiers, assureurs, banquiers) des notions d'équilibre entre les parties, d'abus de faiblesse, la jurisprudence a construit une responsabilité des professionnels du conseil patrimonial. Par exemple, l'obligation de conseil, les questionnaires de mise en garde face à un risque.

Concrètement, l'élaboration systématique d'une lettre de mission et d'un bilan patrimonial permet, en cas de litige, de montrer que les obligations d'information et le devoir de conseil ont été respectés.

Aujourd'hui, des lois et règlements sont venus concrétiser les décisions de justice et les compléter, comme il a été vu pour le conseil en investissement financier, et d'une manière générale la protection de l'épargnant.

Liste des abréviations

ACP : Autorité de contrôle prudentiel

AMF : Autorité des marchés financiers

APE : appel public à l'épargne

BBC : bâtiment basse consommation

BIC : bénéfices industriels et commerciaux

BNC : bénéfices non commerciaux

CAC 40 (indice) : cotation assistée en continu

CADES : caisse d'amortissement de la dette sociale

CAF : caisse d'allocations familiales

CEL : compte d'épargne logement

CFD : contract for difference

CGP : conseillers en gestion de patrimoine

CGPC (association) : conseil en gestion de patrimoine certifié (association)

CIF : conseillers en investissements financiers

CODEVI : COmpte pour le DÉVeloppement Industriel

COTOREP : commission technique d'orientation et de reclassement professionnel

CRDS : contribution au remboursement de la dette sociale

CSA: contribution solidarité autonomie

CSG : contribution sociale généralisée

EIRL : entrepreneur individuel à responsabilité limitée

EURL : entreprise unipersonnelle à responsabilité limitée

FCP : fonds commun de placement
FCPI : fonds commun de placement dans l'innovation
FCPR : fonds commun de placement à risque
FIP : fonds d'investissement de proximité
GAEC : groupements agricoles d'exploitation en commun
GERP : groupement d'épargne retraite populaire
GFA : groupement foncier agricole
GFF : groupements fonciers forestiers
GFV : groupement foncier viticole
INSEE : Institut national de la statistique et des études économiques
IR : impôt sur le revenu
IS : impôt sur les sociétés
IFI : impôt sur la fortune immobilière
ISR : investissement socialement responsable
LDD : livret de développement durable
LEP : livret d'épargne populaire
LMNP : location en meublé non professionnelle
LMP : loueur meublé professionnel
MSA : mutualité sociale agricole
NCIA : nouveaux contrats investis en actions
OPA : offres publiques d'achat
OPCI : organisme de placement collectif immobilier
OPCVM : organismes de placement collectif en valeurs mobilières
OPE : offres publiques d'échange
PACS : pacte civil de solidarité
PASS : plafond annuel de la Sécurité sociale
PEA : plan d'épargne en actions
PEE : plan d'épargne entreprise
PEL : plan d'épargne logement
PER : price earning ratio
PERCO : plan d'épargne retraite collectif

PERP : plan d'épargne retraite populaire

PIB : produit intérieur brut

PREFON : caisse nationale de prévoyance de la Fonction publique

RSA : revenu de solidarité active

SA : société anonyme

SARL : société à responsabilité limitée

SAS : société par actions simplifiée

SASU : société par actions simplifiée unipersonnelle

SCI : sociétés civiles immobilières

SCPI : société civile de placement immobilier

SICAV : société d'investissement à capital variable

SNC : société en nom collectif

SPPICAV : sociétés de placement à prépondérance immobilière à capital variable

SRD : service à règlement différé

TGI : tribunal de grande instance

TVA : taxe à la valeur ajoutée

Index

abondement 223, 224
abus de droit 104
actions 109, 135
analyse fondamentale 156
analyse technique 157
assurance-vie 207
assurance-vie entière 216
bénéfices agricoles 79
bénéfices industriels et commerciaux 76
bénéfices non commerciaux 77
Bourse 121, 136, 155
Censi-Bouvard 181
CIF 168
clause bénéficiaire 215
communauté légale 40
communauté universelle 42
compte à terme 112
compte d'épargne logement 117
concubinage 52
conjoint survivant 55
conseillers en gestion de patrimoine 19
contrat d'assurance-vie 215
contrat en euros 210

contrat épargne handicap 218
contrat retraite Madelin 244
contrats de capitalisation 219
contrats en unités de compte 211
contrats NSK 213
contrôles fiscaux 101
courtiers en Bourse 155
CRDS 98
crédit *in fine* 198
CSG 97
dividendes 75
donation 48, 56
don manuel 59
emprunt *in fine* 198
FCPI 262
FIP 261
fonds garantis 132
Forex 150
GFA 271
GFV 271
hypothèque rechargeable 200
investissement en bois et forêts 266
investissement en œuvre d'art 268
investissement en or 270
investissement programmé 161
investissement Socialement Responsable 162
ISF 30
livret A 110
location en meublé non professionnelle 187
loi Girardin 184
loi Malraux 185
loi monument historique 185
loi Scellier 175

loueur en meublé professionnel 188
micro-BNC 78
microfoncier 74
niches fiscales 93
obligation 129
OPCVM 141
option 148
or papier 270
PACS 44, 51, 64
patrimoine 15, 39, 47, 192, 251
patrimoine professionnel 251
PEA 139, 140
PEE 223
PEL 113
PERCO 225
PERP 237
plus-values immobilières 90
plus-values mobilières 90
plus-values professionnelles 89
prélèvements sociaux 95
prestation compensatoire 49
prêt amortissable 197
produits dérivés 147
profils de gestion 160
régime de la séparation des biens 48
régime de participation aux acquêts 41
régime de retraite supplémentaire 241
régime matrimonial 47
régimes à prestations définies 243
régimes de retraite à cotisations définies 242
rémunération des dirigeants 251
rente éducation 217
rente survie 218

rente viagère....239
retraite 32, 229, 241
revenus exonérés 70, 96
revenus imposables 70, 77
réversion....234
sanctions fiscales....103
SCI....192
SCPI 190
service à règlement différé 123
SOFICA....267
stock-options 252
taux fixe....198
taux variable....198
tontine 220
transmission du patrimoine....193
viager financier 241
viager immobilier 189

Marc DUMÉNIL est consultant en finance, retraite et gestion de patrimoine.

Formateur depuis plus de 25 ans, ses activités s'exercent principalement dans trois domaines :
- optimisation patrimoniale et fiscale du chef d'entreprise de TPE/PME ;
- conseil de PME en évaluation d'entreprise notamment dans le cadre de transmissions ;
- conception et animation de stages de formation inter et intra-entreprises en contrôle de gestion et pilotage de la performance économique et financière.

Il est aujourd'hui consultant associé du cabinet CNIDOS Formation Conseil, et professeur visitant à Neoma Business School.

Contact : marcdumenil@gmail.com

Prépresse : GERESO Édition 2020

Achevé d'imprimer par La Manufacture - 52205 Langres en février 2020
N° d'impression : 151225 - Dépôt légal : Mars 2020 - *Imprimé en France*